现代刑法的生存空间

以民法为参照

郭　宁◎著

知识产权出版社
全国百佳图书出版单位

内容提要

本书意在从刑法与民法间关系的探讨中进一步观察刑法的生存空间，主要内容论及刑法与民法的关联性与独特性以及发展趋势中的相互渗透。为了更好地研究这一主题，本书主要采取了比较研究法、实证研究法、历史研究法以及价值分析的研究方法等，来考察刑法与民法联系最为直接和密切的相关制度在实践中的运行状况，尤其对复杂疑难事件中暴露出来的问题，必将促使人们不断思考，努力提高某些理论、原理的科学性和完整性，以探寻更加有效的运行出路。

责任编辑：罗斯琦　　**责任出版**：刘译文

图书在版编目（CIP）数据

现代刑法的生存空间：以民法为参照/郭宁著.
—北京：知识产权出版社，2013.11
ISBN 978-7-5130-2458-7

Ⅰ.①现…　Ⅱ.①郭…　Ⅲ.①刑法—关系—民法—研究　Ⅳ.①D914.04　②D913.04

中国版本图书馆CIP数据核字（2013）第281477号

现代刑法的生存空间：以民法为参照

XIAN DAI XING FA DE SHENG CUN KONG JIAN：YI MIN FA WEI CAN ZHAO

郭　宁　著

出版发行：知识产权出版社
社　　址：北京市海淀区马甸南村1号　　邮　　编：100088
网　　址：http：//www.ipph.cn　　邮　　箱：bjb@cnipr.com
发行电话：010-82000893　82000860转8101　　传　　真：010-82000860转8240
责编电话：010-82000860-8240　　责编邮箱：luosiqi@cnipr.com
印　　刷：北京中献拓方科技发展有限公司　　经　　销：新华书店及相关销售网点
开　　本：787mm×1092mm　1/16　　印　　张：10.5
版　　次：2013年12月第1版　　印　　次：2013年12月第1次印刷
字　　数：143千字　　定　　价：32.00元

ISBN 978-7-5130-2458-7

目　录

绪 论

一、本文的研究背景及意义

随着法治国家建设进程的不断推进，各部门法在囊括庞杂内容的同时不断进行体系整合，至2010年底我国社会主义法律体系已经基本形成，大规模的立法活动落下帷幕，法律的正确贯彻实施成为受关注的核心地带。作为法律体系的基本组成部分，刑法与民法自然吸引了众学者的目光，尤其是二者均为对人类行为作出妥当评价的准则，在如何共同维护社会秩序的底线问题上就需要考虑他们之间的关系问题。而这也是漫漫法制长河中法学志士们不停追寻的对象：从18世纪英国功利主义大师边沁（Jeremy Bentham）对区别刑法与民法这一“预想不到的困难”的阐释[1]，到大陆法系国家许多学者热衷的“刑法与民法的对话”[2]，以及国内理论界和实务界关于刑民界分、刑民交叉等课题的探讨，这一本原性问题始终彰显着持久魅力，在我国现阶段的法治环境中更是如此。需要说明的是，本文意在探讨的刑法与民法的关系，并不是指某一国家的刑法或民法，只是鉴于理论研究的方便与实践的有所裨益，而在具体研究中立足我国法律。

---

[1] ［英］吉米·边沁：《论一般法律》，毛国权译，上海三联书店2008年版。
[2] 如，［日］佐伯仁志、道垣内弘人：《刑法与民法的对话》，有斐阁2001年版。

（一）法治建设中的部门法分野不容忽视

自法学学科开始精细化研究后，各自日益凸显出强大的法律精神和体系，但是，法治建设的部门法分野也不容忽视。民法属于私法，倡导私法优位，法治国家构建理念中的法律是人民自由意志的结合，国家仅在人民授予的范围内行使权力和履行职责，而社会活动和经济活动的推动力量是理性自由人的意思与客观存在的市场规律。[1] 相比之下，刑法则属于公法，在调整社会秩序和社会行为中充斥着国家强制力作用的痕迹。由此，共存于法治社会中的刑法与民法，各自的特殊性显而易见，并在引致部门法迅速发展的同时，又陷入了分离发展、各自为政、相互矛盾的境遇。

无论是从宏观层面的法理支持抑或微观上的制度编织来说，刑法与民法表现出独特的个性是符合法律预期的，但无法有效沟通与对话却是偏离目标的异化现象。表现在司法实践主要为：面对同一法律事实时，论者会由于自身不同的学科背景而存在观点分歧，甚至出现民法侵权或刑事犯罪这种性质上完全相反的结论。这种冲突由于司法机构严格的部门划分，以及部门内部强调刑事法律关系与民事法律关系差异性的做法，而变得更加难以调和。对此，理论研究无法坐视不管，必须有所主张：在法律部门逐渐细化的研究环境中，刑法与民法各自的特殊性总是不难寻得，但并不妨碍打破僵硬的刑民界分，以开放的思维和姿态，进行相关问题的思考。而且，刑法与民法作为同一法律体系中的重要成员，在理论和制度上必定存在共通性，这为法学各学科间的互相学习提供了通道。法律是一个独立的学科，却不是一个自给自足的学科，为了满足社会发展的需要，它必须不断从其他学科中汲取知识来充实法律学科的发展。[2] 法学如是，法律部门法更是如此。

---

[1] 梁慧星：《民法总论》，法律出版社 1996 年版，第 31 页。

[2] ［美］波斯纳：《法理学问题》，中国政法大学出版社 1994 年版，第 532 ~ 544 页。

（二）刑民关系中“先刑后民”的实体法流弊

刑民关系也是困惑实务工作者的一个难题，但是我国刑事司法实践中已经形成了一定的原则、习惯，即来自传统刑法理论和刑事诉讼法理论中的“先刑后民”“刑事优先”。[1]需要注意的是，“先刑后民”并无成文法的明确规定，作为司法原则在法理上缺乏论证支持，法院审理案件大量采用并将之变为事实上指导原则的现象更需要引起关注。[2]再者，“先刑后民”本源于诉讼中的程序处理，但是，从刑事实体法的角度来看，在犯罪认定的观念和实践中，“先刑后民”“刑事优先”的色彩浓重、指导范围广泛，这就与刑法倡导的谦抑观念发生冲突，并带来司法操作中的难题。

所谓“先刑后民”是指在民事诉讼程序中出现可能违反刑事法律规范的情况时，先由司法机关对刑事部分侦查、审理，再进行民事责任的确定，或者直接由法院适用刑事附带民事诉讼，在处理刑事犯罪的同时，附带解决民事责任问题；否则在法院对刑事部分作出结论之前，不得单独审理判决其中的民事责任。这最初是在案件同时面临刑事和民事处理手段时的顺序选择，是诉讼程序中的问题。远离实体法视野，并且深入研究后发现，“先刑后民”“刑事优先”的字眼或意思并未出现于刑事诉讼法中，而是在一系列涉及经济犯罪的民商事纠纷案件处理的司法解释中确立起来的。

这一原则在我国的法律发展中也经历着从严格到松动的发展：一是“先刑后民”原则的确立。最早的法律依据见于1985年8月最高人民法院、最高人民检察院、公安部下发的法（研）发［1985］17号《关于及时查处在经济纠纷案件中发现的经济犯罪的通知》。该通知明确指出在查处经济纠纷案件中如果发现经济犯罪的，有关材料应移送给有管辖权的公安机关或检察机关侦查、起诉。同年12月最高人民法院下发了法（研）

---

[1] 游伟：《刑民关系与我国的刑事法实践》，载《华东刑事司法评论》第8卷，第190～191页。

[2] 陈世和：《法律的尴尬——刑事法理论与实践的冲突》，法律出版社2011年版，第210页。

发［1985］27 号《关于审理经济纠纷案件发现违法犯罪必须严肃执法的通知》，其中重申了人民法院在审理经济纠纷案件中发现经济犯罪、必须追究刑事责任的，不得放纵犯罪分子。1987 年 3 月公检法又联合下发了法（研）发［1987］7 号《关于在审理经济纠纷案件中发现经济犯罪必须及时移送的通知》，其中第 3 条规定："人民法院在审理经济纠纷案件中发现经济犯罪时，一般应将经济犯罪与经济纠纷全案移送……；如果经济纠纷与经济犯罪必须分案审理的，或者是经济纠纷案经审结后又发现有经济犯罪的，可只移送经济犯罪部分。对于经公安、检察机关侦查，犯罪事实搞清楚后，仍需分案审理的，经济纠纷部分退回人民法院继续审理。"这一规定明确了当经济纠纷与经济犯罪发生交叉时，一般应将纠纷与犯罪一并移送，除非"经济纠纷与经济犯罪必须分案审理"或者"经济纠纷案件已经审结"。但是对于什么是"必须分案审理"，该通知没有给出一个判断标准。这些规定均形成于改革开放初期，商品经济仍然处于逐渐发展阶段，传统司法观念中的"重刑轻民"与"刑可止民"仍影响着当时的社会，这种背景下的"先刑后民"有其存在的土壤。二是"先刑后民"原则的反弹。1997 年 12 月最高人民法院发布《关于审理存单纠纷案件的若干规定》，这份专门针对存单纠纷案件的规定中第 3 条第 2 款规定："人民法院在受理存单纠纷案件后，如发现犯罪线索，应将犯罪线索及时书面告知公安或检察机关。如案件当事人因伪造、变造、虚开存单或涉嫌诈骗，有关国家机关已立案侦查，存单纠纷案件确须待刑事案件结案后才能审理的，人民法院应当中止审理。对于追究有关当事人的刑事责任不影响对存单纠纷案件审理的，人民法院应对存单纠纷案件有关当事人是否承担民事责任以及承担民事责任的大小依法及时进行认定和处理。"与前述几份法律文件适用于一般经济纠纷案件不同，该份文件是的，但其对"先刑后民"的适用作出了限定，即"确须待刑事案件结案后才能审理的"，从而在一定程度上减缓了重刑轻民的倾向。随后，最高人民法院在 1998 年 4 月公布了［1998］7 号《关于在审理经济纠纷案件中涉及经济犯罪嫌疑若干问题的规定》，其中第 1 条规定："同一公民、法人或其他经济组织因不同的法律事实，分别涉及经济纠纷和经济犯罪嫌疑的，经济纠纷案件和经济犯罪嫌疑案件应当分开审理。”第10条规定：“人民法院在审理经济纠纷案件中，发现与本案有牵连，但与本案不是同一法律关系的经济犯罪嫌疑线索、材料，应将犯罪嫌疑线索、材料移送有关公安机关或检察机关查处，经济纠纷案件继续审理。”第11条规定：“人民法院作为经济纠纷受理的案件，经审理认为不属于经济纠纷案件而有经济犯罪嫌疑的，应当裁定驳回起诉，将有关材料移送公安机关或检察机关。”这两个文件中的相关规定就在之前规范性文件确立的“先刑后民”原则严格的堤坝上打开了一个小的缺口，提供了“刑民并行”存在的合理根据，也清理了部分“重刑轻民”的历史遗毒。但是这种反“先刑后民”的规定也无法带来完善的实践操作，反而带来了当事人滥用的弊端：当事人利用民事诉讼程序启动的便利性，以法院对民事案件的处理来规避侦查机关的强制行为。可见“先刑后民”与“刑民并行”两项指导原则的存在，在打破刑民僵化的关系处理模式的同时，也带来了“刑民交叉”案件审理上的分离状态。实际上，在重新审视实体案件后可以发现，在一些刑事案件中，事实或法律适用认定不清的情况下是很难定性为犯罪行为的。大量的刑民法律关系之间具有独立性，或者刑事上的否定性评价有赖于民事事实的查证。真正需要贯彻“先刑后民”的案件是非常少的，仅限于当刑事案件事实的查证直接影响到当事人或当事单位对外所发生的民事、经济法律关系的认定时。也就是说，在应然上，“先刑后民”实行的必要性极其有限，仅仅是刑民关系相关具体问题中的处理规则，不具有原则本身的普适性，也远未达到诉讼原则的地位，其适用应受到限制。在不需要“刑事优先”的情况下，倡导“刑民并行”即刑事程序和民事程序的同步进行。

通常情况下，谈到刑民实体法，更多的关注点是立足于部门法来区别刑事法律关系和民事法律关系，而缺乏对犯罪认定上的“先刑后民”的反思。客观地说，“先刑后民”“刑事优先”在我国的法律评价体系中根深蒂固，主要表现为犯罪化和刑罚化倾向。当危害社会的行为出现后，社会集体急于展示入罪倾向，尤其是对一些严重冲击伦理道德观念的事件，群情激奋之下，刑法手段很容易被推到台前；此时的犯罪化缺乏理性论证，不如说是立法者向民众传达关切态度的权宜之计。另外，在行为规制手段体系中，违法行为非刑法控制功能的发挥未得到足够重视，使得一些不需要或不值得动用刑法手段的行为受到刑罚处罚。比如，在2004年12月最高人民法院和最高人民检察院公布的《关于办理侵犯知识产权刑事案件具体应用法律若干问题的解释》，为加大对侵犯知识产权犯罪的打击力度，大大降低了定罪标准。个人犯罪的定罪门槛从10万、20万降到5万，单位犯罪与个人犯罪之间的标准由5倍降低到3倍，单位非法经营数额达到15万即构成犯罪。大量的知识产权侵权案件成为犯罪案件，而《中华人民共和国反不正当竞争法》（以下简称《反不正当竞争法》）、前置的行政管理在及时性和有效性方面均未充分发挥作用。如果严格执行此入罪标准，必然导致法院知识产权民事案件锐减，刑罚处罚将成为治理知识产权案件的主要手段。

出现这种情况，主要有两个原因：一是刑事法律观念上的“重刑轻民”仍占据一席之地；二是社会治理结构的优化还需进一步加强。在刑事实体法上，并不意味着危害社会的侵权行为达到一定的严重程度就转变为犯罪行为；犯罪是刑事法律的核心，《中华人民共和国刑法》（以下简称《刑法》）、《中华人民共和国刑事诉讼法》（以下简称《刑事诉讼法》）、《中华人民共和国证据法》（以下简称《证据法》）的运行均旨在解决这一问题，犯罪圈的大小直接关系到侵权案件流入犯罪领域的数量。只有在社会治理中的其他手段如道德、纪律、民事经济与行政制裁手段均用尽的情况下才可以动用刑法，并且只有在前置手段均相对严密的前提下，才可以稍微降低刑事防线。我国可能会在相当长的一段时期内存在“刑事优先”的重刑化思想，不得不加以提防。因此，必须在观念上倡导刑法谦抑性和最后手段性，在实体法上严格把握犯罪构成的标准，并考虑犯罪的程序法概念，只有达到“排除合理怀疑”证明标准的严重侵权行为才能构成犯罪。

（三）理论桥梁：“关系刑法论”的倡导

民法和刑法是两大基本部门法，两者具有独特的个性而相互独立，却又处于同一法律体系中，共同维护社会秩序，展示法律的社会功能和价值。在一个法律体系中，刑法与民法是不可或缺的成员，二者相互作用、相互制约。

关系是哲学中的基本范畴。辩证唯物主义哲学认为，事物存在于普遍联系中。“当我们深思熟虑地考察自然界或人类或我们自己的精神活动时，首先呈现在我们眼前的，是一幅由种种联系和相互作用无穷无尽交织起来的画面。”❶ 联系具有普遍性，这种普遍的联系有两种主要的存在形式：一事物与它事物之间的联系以及事物内部各组成要素之间的联系。联系的内容主要表现为互相作用、互相制约和互相影响。现代系统论观点也将事物置于相互关联中的状态进行研究：系统是普遍存在的，任何一个作为研究对象的事物都可以称为一个系统，事物由不同的要素构成，同时，事物又是构成更大系统的要素。事物作为一个有机整体，与其他事物发生联系，以展示自己的性质或特征；而作为组成更大系统的要素，事物又与系统中的其他因素相互作用，体现出系统的本质或属性。在系统论科学的视野中，事物除了相互联系别无其他的存在方式，事物之间的联系就构成了系统的特点和发展规律，而且决定了事物未来的发展趋向。只有了解事物之间的联系，才能真正把握事物，并根据发展规律去控制、管理、改造或者创造系统。自然界的事物是这样，社会现象也是这样。因此，将事物内在、本质、必然的联系看作事物发展的规律，将分析事物之间的关系看作认识问题的根本方法，是唯物辩证法的基本观点，❷ 这一方法当然适用于对刑法与民法关系的研究中。

以“关系”作为切入点揭示事物的本质，是唯物辩证法赋予人类的认识方法。这种方法的出现，给人类的思维方式带来了深刻的变化。其合理性在于联系视角下观察事物，也是用发展的观点分析事物、把握事物，如实说明事物的整体性，反映事物之间的联系和相互作用，并在一般性上为

---

❶ 《马克思恩格斯全集》第3卷，第60页。

❷ 王钧：《刑罪关系导论》，南京大学出版社2001年版，第10~12页。

实践提供有说服力的理论根据和可行性指导。刑法学的研究除了对犯罪概念、犯罪成立的基本要件等等具体规定的注释，还要研究刑法作为整体与其他法律学科之间相互作用、相互制约的性质和过程，并由此论证刑法功能的有效性及局限性。对此，储槐植教授在上世纪末就提出了“关系刑法”的概念和轮廓，将刑法的存活置于关系之中，指向的是刑法的存在与运作必须存在于特定关系中。关系刑法，意在研究“刑法的外部关系和内部关系对刑法的存在样态和运作方式的影响”，“刑法存活于关系之中，关系是刑法的本体，关系是刑法的生命。”[1]实际上“关系刑法”与“刑事一体化”的本质具有相通之处，均在于打破刑法研究的学科界限，减少刑法中的孤立性研究，追求以开放的视野立体化的研究刑法，并促进法律体系的优化。从关系刑法的研究结构上看，一方面将刑法作为一个有机整体，视为一个系统，来研究其中的各个部分之间的关系，这就涉及到国家意志与客观规律的关系、刑法保护功能与保障功能的关系、罪与刑的关系、刑罚目的与刑罚机制的关系、刑事立法与适用解释的关系等，这可以认为是刑法的内部关系。另一方面，将刑法置于更大的系统中，视为法律体系不可缺少的要素，而在体系中起着特定的作用，并与体系中的其他要素相互关联、相互作用，这个视角下的刑法关系网有：刑法之下——经济与刑法；刑法之上——政权结构、意识形态与刑法；刑法之前——犯罪与刑法；刑法之后——行刑与刑法；刑法左右——其他部门法（附属刑法）与刑法，以及其他学科与刑法学。这可谓刑法的内部关系。

以“关系分析方法”对刑法学进行研究，就具有了突破单向、片面、孤立、静止研究刑法的方法论，在刑法之外研究刑法、观察刑法与相关部门法的关系，就响应了刑法研究的“开放性思维”。尤其是在当代，学科发展之间的相互关系紧密，学科边界出现模糊化发展趋势，边缘学科、交叉学科不断增多。学科内许多问题的解决不再单纯囿于学科内部、或依赖

---

[1] 储槐植：《刑法存在关系中——关系刑法论纲》，载《法制与社会发展》1996 年第 2 期，第 40 页。

于学科内的发展，而是借助于其它学科的知识。因此，关注学科之间的关系显得更加具有重要性和必要性。在理论和实践中也常出现涉及刑法与民法实体法方面的困惑，如在宏观理论上，刑法与民法同处于法律体系中的合理性何在，各自在法律秩序维持中的功用有何异同，何种品格带来了这种异同，两种之间是否存在相通之处，相通之处的实践处理位于何种状态，何种背景或理论可以解释这种状态，二者之间何以发展至此，发展背后的动力何在，在当代又出现了何种发展的趋势；在具体制度上，刑法与民法中的相同或相似概念如何理解、各自适用何种解释方法，刑民冲突问题如何处理，刑民交叉案件如何处理，民事上的赔偿在刑事中起到何种作用等等。这些都离不开在刑民关系这一系统中的因素分析。

二、本文的研究方法

在学术研究的脉络体系中，研究方法的恰当择取不可或缺。当然，这种选择无论如何精致，都不可能避免前见的影响和制约。这种前见与学者的自身特质——如知识构架、思维模式等——密不可分，以致于学者的分析路径、风格甚至研究成果均在一定程度上带有立场。[1]从这个意义上说，无论论者是否主动有意识的选择，也不论其承认与否，任何论证都无法摆脱立场。本书对刑民实体法关系的探析亦是如此，由于同属成文法系，以及我国与大陆法系的亲和性，笔者的认识体系和观念带有或浓或淡的大陆法系色彩。

在承认这一根本前提的情况下，尽可能选择合适的研究路径。为了更好研究刑法与民法的实体法律关系，本文主要采取了比较研究法、实证研究法、历史研究法以及价值分析的研究方法等。

比较研究方法是本文采用的最主要的方法，其内在动因，一方面在于

---

[1] Ugo Mattei, Three Patterns of Law: Taxonomy and Change in the World's Legal Systems, 45 Am. J. Comp. L. 5, Winter, 1997.

比较研究方法本身的重要性。正如德国浪漫主义诗人诺瓦里斯所言，“一切认识、知识可溯源于比较，”“要了解希腊人的才华，拿一座希腊雕像与另一座埃及或者亚洲的雕像来对比，要比只研究一百座希腊雕像的人更有体会。”[1]因为比较，才看到相同相异之处，从而触发思考的着眼点，探索每个法律问题的大量的可能存在的解决办法。而且，“比较方法是实践方法的一种替代，虽然不是一个非常令人满意的替代，但是这种替代是由于我们不可能把法律和国家放在试验管和泡沫室里。”[2]另一方面，也是由我国的法制发展路径使然，我国的法制现代化进程一直循着西方国家先进的法治理念和制度经验，这种状况从清末法制发展、西法东渐，到现在，基本上可以说积极“拿来主义”是我国法制建设中躲不开的字眼。这成为比较研究方法在我国法制研究中广泛生长的合适土壤。当然，本文所作的是对法律体系内不同部门法律之间的综合性比较，这种比较研究虽未在学界大规模进行，却是国内外学者共同的关注点之一，进一步的研究需要掌握国外学者的研究成果。另外，比较研究的对象刑法与民法各有其复杂的理论体系、基础理念和法律规定，二者是否需要进行比较是研究的前提问题。笔者认为，比较必要性的说明，可以放在法制发展的大环境中进行考虑，伴随着社会快速发展的是案件复杂程度的提高，法律发展中也出现分工更加细化的趋势，刑法与民法在具体的制度上发生很多适用上的交叉或关联、在法律功能的发挥上也发生联系，这些促使我们进行有利于理论研究和实践的比较研究。在这个意义上，本文既不是对刑法与民法不分轻重的简单、全部比较，而是选择其中能够佐证二者之间发展过程中以及现实法制相互关系的问题加以研究；本文关注的范围不包括单纯的刑法问题、或者单纯的民法问题，而是集中对能体现刑法与民法关系的相关问题进行比较研究。

---

[1] ［法］马尔罗：《沉默的声音》，［法］勒内．罗迪著《比较法导论》，上海翻译文化出版社 1998 年版，第 21 ~23 页。

[2] ［美］马丁·夏皮罗：《法院——比较法上和政治学上的分析》，张生、李彤译，中国政法大学出版社 2006 年版，第 2 页。

实证研究方法是理论联系实际的最好途径。“法治是一种实践的事业，而不是一种玄思的事业。”[1] 关注实践发展，研究实践问题，从实践中寻找思路进行理论研究，是近年来国内法学研究的重要内容和方法。在实体法的研究领域中，实证的研究方法也占据日益重要的地位，并产生了一系列卓有成效的研究成果。本文也采取了实证研究的方法，来考察刑法与民法联系最为直接和密切的刑民交叉案件在实践中的运行状况，尤其对复杂疑难事件中暴露出来的问题加以关注，必将促使我们不断思考，努力提高某些理论、原理的科学性和完整性，以探寻更加有效的运行出路。

历史研究法主要是摆着“知其然，知其所以然”的态度，针对刑法与民法在人类法治历程中的发展样态，追溯发展的脉络以及发展过程中二者之间的关系，探究演变的进程，从而对刑民之间关系的历史发展形成纵向的关系图。

价值分析法则是从法理上对刑民关系进行分析。无论是从宏观层面的原则表现，还是微观上的制度构建来看，刑民实体法之间的共通性与独特性并不难寻见，但是不能视其为理所当然，需要探索独立品格背后的理论基础，以评析分歧的合理性。这就需要探讨二者在实现司法公正、提高诉讼效率等方面起到的作用以及实现这些法的价值的独特机制，从而为刑民之间关系寻找稳固的理论基础。

三、本文的研究进路

在思考过“中国法学往何处去”的宏大问题之后，刑法的存在空间就成为了法学科之下的刑事法律中的重要问题。在研究这个问题的过程中发现，通过一个更广阔的空间来解读、尤其是以比较的视野来反思，更利于明确刑法在法律共同体中的角色地位。因此，本书对刑法与民法的比较最终是为了进一步观察刑法这一部门法。

---

[1] 苏力：《送法下乡》，北京：中国政法大学出版社2000年版，第11页。

对于法律科学的研究来说，规范是最基础的研究对象，因此，集中于规范的研究是不可避免的。但是，这种研究方法绝非是对法律条文的字、词语的简单解释，否则得出的结论就只是现代汉语的注释而已。并且，理论的研究还是一个抽象的系统体系，并以解决司法实践中的具体问题为目标。在刑法与民法的关系中，独特性与共通性是辩证分析的结果，更是具体制度在现实中的表现。限于篇幅和精力的限制，本文对刑法与民法中的程序关联性不进行关注，笔者仅对刑法与民法的关联性与独特性以及发展趋势中的相互渗透加以论述。

第一章“理论证成：刑法与民法关系初论”，从历史角度和观点争鸣中寻求理论支撑。在考究法制发展史时，对刑法与民法关系的发展在进行从“刑民不分”到近代“刑民分立”再到现代“刑民趋近”的动态影像考察中，也对其中的形成原因作了诸多思考。在有关刑法与民法关系的诸多观点中，笔者发现在法外从政治、哲学、经济、社会学等角度，审视、分析和研究刑民规范与理论，形成了研究中的亮点，本章对国内外刑民关系的研究状况进行了总结，以期这些角度和方法能够带给我们相关问题思考的新体验，最终得出刑法的从属性与独立性。

第二章“界分与背离：刑法与民法独立性的彰显”，着力于对刑法与民法之间的区别再作探讨，首先为分析中国民法与刑法关系构建一个参照系，展现出两大法系国家中刑法与民法关系的普遍的分析框架，从理论上廓清域外刑法与民法的关系。当然，对域外研究的介绍不能止于描述，而在于反思我国既往研究中存在的诸多不足，探寻理论上阐释新法与民法关系的进一步提升空间。

第三章“保障与规范：刑法与民法的相关性”，通过刑法之于民法的保障性、民法之于刑法的规范性，对两者之间的相关性加以分析，以利于理解和把握两者之间的共同性、依存性和交错性。首先具体论述了刑法对民法保障性和补充性的制度表现，有两种立法形式：一是在民法规范中以附属刑法的形式；二是在刑法规范中以专门的条款对民法上已经确定的权利加以保障。之后，从罪与非罪中的民事关系、此罪与彼罪中的民事关系来审视民法对刑法的规范效应。

第四章“渗透与再接近：刑民发展的新趋势”，对处于同一个宪政框架之下的刑法与民法之间再接近的趋势进行阐释。这种发展既有部门法理念上的表现，也有具体制度上的表现。笔者尝试以具体制度上的相互借鉴为视角，来窥探和评析这一现象。主要研究以下具有类型学意义的问题：作为民事领域例外的惩罚性赔偿、刑事范畴的扩张如单位犯罪及法人犯罪中的替代责任。

第一章 理论证成：刑法与民法关系初论

德国学者克劳斯·罗克辛曾言：“刑法与民法在概念上的明确区别，是19世纪法学的重大成就。但在今日，我们认为此项严格区别是一个错误的概念，刑法与民法的再接近实有必要。”[1] 从罗克辛的断言中至少可推知两个命题：一是，论题“刑法与民法的关系”中指向的“刑法”、“民法”虽为人尽皆知的法学术语，不容易产生混淆，但二者独立并共存的法制现象不是从来就有的，实际上具有历史性，各自的基本含义为19世纪法学发展所确立，属于现代意义上的法律用语，与古代以及近代法中的“刑法”、“民法”存在诸多不同，这种不同既表现在各自的研究范畴、理论观念方面，又表现在具体制度等方面。今人研究刑法与民法关系的发展历史所使用的“刑法”与“民法”都是现代法律人眼中的概念外延及内涵，换句话说，我们一直在立足于现代的民刑观念来评价前人的“民”“刑”之分。当然，这种研究态度是无可责难的，研究方法也毋需评判，“史学和现实之间必须保持着适当距离”，但“史学也应当配合时代”。[2] 现代法语境下的历史脉络梳理，亦能达到展示“刑法”与“民法”发展轨迹的目的，并能在其中铺陈现代刑法与民法“从何而来”的历史画卷。基于研究的便利以及受研究能力所限，本文亦选择同样的立场，仍立足于现代的民刑概念

---

[1] 转引自王泽鉴：《损害赔偿法之目的：损害填补、损害预防、惩罚制裁》，载《月旦法学杂志》第122期，2005年7月号。

[2] 余英时：《中国史学的现阶段：反省与展望》，载《余英时学术思想文集》，何俊编，上海世纪出版股份有限公司、上海古籍出版社2010年版，第386～388页。

来评析法制发展历程。二是，正如唯物辩证法理论指出的“运动是绝对的，静止是相对的”，“一切事物都处于运动之中，而且每一事物自始自终都在运动，没有不运动的物质”，“刑法”与“民法”的关系发展也是一个动态的过程，以19世纪法学发展为分水岭，这是刑法学与民法学由不存在“概念上的明确区别”到存在该区别的发展，直至历史带来“刑法与民法的再接近”。罗克辛在深厚的法学知识基础上，表现出深谙法学规律的姿态，为我们展示了刑法与民法关系发展的基本画面。

本章中，除了对刑法与民法关系的发展轨迹进行探讨，还对刑法与民法关系的理论研究盛况进行描述和简单评析。学术研究犹如积薪，认识并研究已经取得的成就，奠定知识的基础，否则任何改造的构想都不具有足够的理性。因此，只有全面搜集和理解前人的研究成果，才有可能站在巨人的肩膀上，拾得前进的垫脚石，尽力取得微小的进步。

第一节 历史沿革：刑法与民法关系的发展研究

虽然法的设计旨在规范和调整人们的行为，但法并未与人类以及人类文明同步出现，而是社会发展到一定阶段后才出现的。作为法律的重要部门，刑法与民法的产生和完善早于其他法，并有着更久远和更复杂的逐步发展轨迹。“法律现象之不同于自然现象，就在于法律是历史生成的规则”，[1] 而“学者若要有学术上的超越，就应通晓学问演变的过程，不仅知其如此，而且应知其何以如此”。[2] 因此，正式进入对刑法与民法关系研究之前，有必要以时间发展为主轴纵览中外刑法与民法关系的演变，来看法

---

[1] 李可：《从哲学到法学的中间距离：对法学方法论原则的思考》，载《研究生法学》2002年第2期。

[2] 方流芳：《翻译和外来法律术语》，载《法学翻译与中国法的现代化：“美国法律文库暨法学翻译与法律变迁”研讨会纪实》，中国政法大学出版社2005年版，第15~18页。

律这种现象“在历史上怎样产生，在发展中经过了哪些主要阶段，并根据它的这种发展去考察这一事物现在是怎样的”。[1]

这里，在考究法制发展史时，许多学者将中国历史发展阶段划分为上古、中古和近代三个阶段，这种方法是以外国的、主要是西方的历史发展的抽象模式来笼罩中国历史的实际进程。[2] 笔者无意否认法律发展的阶段划分方法，只是对这种将西洋史简单地在中国翻版使用的态度保留自己的意见。由于本文对刑法与民法关系的历史考察包括但不限于中国范围，因此仍使用“古代”“近代”“现代”的字眼。“一切法都是一个长期的、历史的结果，它不同于各国人民的青年时代，也迥异于分化发展了的文化情况。它的发展不是跳跃式的，不是个别革新者的决策，而是持续的、有机的发展。正如萨维尼所说，发展犹如语言一般所发生的那样。”[3] 因此，对历史进行分期不可避免地会受到主观性甚至随意性等的批判，下文将按上述三个历史阶段分别介绍刑法与民法关系的各个阶段。当然，历史研究并不是了解过去有什么事情，不仅仅是为了满足人类的好奇心，不是试图从中寻找历史的必然规律——无论是为了固守传统还是为了搭乘历史的班车，这都是对历史的滥用或误用。在尼采看来，人类研究历史仅仅并最终是为了创造未来，理解人类在历史中的位置。人对历史的好奇心最终来源于对当下和未来的关切，对自身生命的思考。[4] 基于这样一种认识，对刑法与民法关系的发展在进行从“刑民不分”到近代“刑民分立”再到现代“刑民趋近”的动态影像考察中，也对其中的形成原因作诸多思考。

一、合体发展：刑民关系的第一阶段

在中外法律发展史上，“诸法合体，刑民不分”是早已达成的共识，“古

---

[1] 《列宁文集》第4卷，人民出版社，第43页。

[2] 余英时：《中国史学的现阶段：反省与展望》，载《余英时学术思想文集》，何俊编，上海世纪出版股份有限公司、上海古籍出版社2010年版，第386～388页。

[3] ［德］科殷：《法哲学》，林远荣译，华夏出版社2002年版，第31页。

[4] 苏力：《法律与文学》，三联书店2006年版，第322页。

代法律大抵都是诸法合体，并没有什么民法、刑法的分别，中国古代是这样，外国古代也是这样。”[1] 这种通说的论证绕不开对刑民起源、中国古代和外国古代法的考察。法律产生于宗教和习惯中，这种起源上的同质性就埋下了发展初期“刑民不分”的土壤。历史上的中国和古罗马分别作为中华法系和大陆法系的代表，不约而同地表现出“诸法合体”的特征。“大体而论，所有已知的古代法都有一个共同的特点使他们和成熟的法律的特征制度明显不同，最显著的差别在于刑法和民法所占的比重。”[2] 在这种“诸法合体”的共通性中，又保留着各自的特殊性，表现出各自的特点——古罗马法的民法化与古代中国法律的刑法化，但也在其中孕育着刑民有别的种子。

（一）民法与刑法起源

关于法出现的时间，我国法通说认为，法产生于阶级和国家出现之后，是阶级矛盾不可调和的产物，是统治阶级统治国家的工具，法具有阶级性。持该观点的学者，使用的最有力论据就是恩格斯关于原始社会形态的描述“没有军队、宪兵和警察，没有贵族、国土、总督、地方官和法官，没有监狱，没有诉讼”。客观地说，法的阶级性并未有确凿的证据加以证明，相反已经有大量少数民族的法律文献证实其为一个伪命题，即早在氏族部落时期，带有强制性的、成文的行为规范就已经出现。[3] 而且，恩格斯的描述指向的是特定的对象——易洛魁人典型的母系氏族社会，并不包括已经出现阶级分化的原始社会末期。论者将结论适用的特殊对象人为加以扩大，简单地将该判断作为“放之四海而皆准”的普遍规律，不得不说是追随者对理论的滥用。并且，恩格斯在叙述古希腊雅典奴隶制国家形成前的提修斯改革时，认为“就产生了凌驾于各个部落和氏族的法权习惯之上的一般的雅典民族法”。[4] 因此，法与国家和阶级产生的先后顺序并

---

[1] 亨利·梅因（Sir Henry Maine，1822～1888）：《古代法》书首《小引》。该书发表于1861年，中文译本由商务印书馆（北京）1959年2月出版。

[2] ［英］梅因：《古代法》，沈景一译，商务印书馆1996年版，第207页。

[3] 杨一凡：《中华法系研究中的一个重大误区》，载《中国社会科学》2002年第6期。

[4] 《马克思恩格斯选集》（第4卷），人民出版社1995年版，第106页。

没有确定的结论，各国实际情况不同，结论存在差异，这里的探究需要坚持“具体问题具体分析”的原则。

就远古时代的法而言，习惯法是其最早的渊源形式。在法律产生之前，尤其是“在无成文法可循的情况下，那些长久的习惯常常被当作法和法律来遵守”。❶ 习惯或曰习惯法具有重要的地位，“没有理由不把根深蒂固的习惯作为法律来遵守（人们称它是由习俗形成的法）。事实上，我们遵守它们仅仅是因为人民决定接受它们。那些在无成文法的情况下人民所接受的东西，也有理由为所有人所遵守”。❷ 习惯古已有之，它先于国家或阶级的产生而存在，是人们在长期的生活中多次反复适用后形成的、在一定范围的群体内普遍适用的行为。换句话说，只有当某一行为被无数次地施行之后，才逐渐形成一种习惯，而当无数的习惯成为人们行为的惯例时，一种具有约束力的规范就产生了。“有国家以前之社会及初期之国家，习惯几占法律之全部。”考察社会的法制源头可以发现，“远古时代的法律无一例外都是习惯法，部落法时代的法均为习惯法。早期的成文法也只是习惯法的汇编，罗马的《十二铜表法》、两河流域的《乌尔纳姆法典》和《汉谟拉比法典》概莫能外。古希腊的法律、古罗马王政共和时期习惯均为主要法源”。❸ 即便社会发展到比较发达的阶段，即便单纯的习惯法不可能具有正式法律的强制力，但其仍在法律体系之外保有重要的地位，并被视为第四种法，“这种法律既不是铭刻在大理石上，也不是铭刻在铜表上，而是铭刻在公民的内心里；它形成了国家的真正宪法，它每天都获得新的力量；当其他的法律衰老或消亡的时候，它可以复活那些法律或代替那些法律，它可以保持一个民族的创新精神，而且可以不知不觉地以习惯的力量代替权威的力量”。❹

除了习惯外，宗教也是古代法的重要渊源。宗教本为“支配着人们日

❶ ［意］桑德罗·斯奇巴尼：《民法大全选译：正义和法》，黄风译，中国政法大学出版社1992年版，第63页。

❷ 同上，第62～63页.

❸ 周永坤：《法理学——全球视野》，法律出版社2000年版，第43～44页。

❹ ［法］卢梭：《社会契约论（第2卷）》，商务印书馆1980年版，第20页。

常生活的外部力量在人们头脑中的幻想的反映，在这种反映中，人间的力量采取了超人间的力量的形式”。虽然这种社会现象看起来与法律相去甚远，但是，一方面，由于宗教设立了特定的仪式、信条和规范体系，以使人们确立某些基本的价值信念，进而调节、控制人们的行为。这种规范作用就为宗教与法律打通了分离的壁垒；另一方面，宗教是古代社会中的重要内容，对于其中仪式等的违反，就成为最初的违法或犯罪。在历史上不乏一些国家直接赋予宗教教义以法律效力，从而直接进入法律的范围。典型的如古印度，法律最早来源于婆罗门教法，法律渊源上最初为《吠陀》，后来则为《摩奴法典》，该法典实际上就是古印度婆罗门教教义经典的集大成。婆罗门教的法典直接形成了印度法系的规范基础，婆罗门教的教义精神直接促成了印度法律文明的产生及发展。还有一个典型就是伊斯兰教，以真主的名义对信徒的行为制定了一套比较完整的行为规则体系，建构了伊斯兰法系的基本规则体系，也实现了法律规范与宗教教义的融合。“……最初所以被认为犯罪者，大概系由于祭司之影响。又当时多数处罚犯罪之形式，即为宗教上牺牲祀神之形式，二者间毫无区别可言。”[1] 法律与宗教的内在关联不仅表现在规范内容上，还有司法形式——审判。在东西方的历史发展中，都曾出现借助神力评判是非的现象。中国古代法文化中，早在五帝时代就有神兽“獬豸”之“触角审判”，最早的古体字“灋(fǎ)”就是这种审判方式的映射。此外，“捞沸判”“铁火判”“占卜判”等，都是审判的常见方式。[2] 在古罗马、古埃及的历史文献、古老法典、民族风俗中，也大量存在神判的痕迹。

刑法的产生是社会发展到特定阶段后反思的结果。法国学者斯特法尼教授等在考察古代法尤其是古代刑法后，对其产生发展的历史阶段进行了划分，分为三个时期：私人复仇与私人战争时期、私人裁判时期以及公诉裁判时期。他们认为刑法的产生正是由于原始社会时期刑事纠纷的解决代

---

[1] ［美］孟罗·斯密：《欧陆法律发达史》，姚梅镇译，中国政法大学出版社1999年版，第30～31页。

[2] 杜文忠：《审判与早期法的历史演进》，载《民族研究》2004年第3期。

价惨重，尤其是发展到氏族社会时期，解决纠纷的手段往往是双方氏族群体的厮杀，“不是你死就是我亡”，是对氏族的毁灭性打击，代价惨重；无休止的私人复仇、氏族战争成为经济和社会发展的阻碍，再加上，对物质赔偿带来的生存利益和发展利益的觉悟，以及部族由小到大聚合后形成城邦国家、宗教力量产生巨大的组合作用等原因，私人复仇才得以终结，进入刑事法律发挥作用的时期。❶ 日本学者持有类似的观点，即刑法是古代通常的调控手段（如私刑、私力复仇）被社会视为过于不受控制或过于严重时的替代手段，“其他统制手段（如私刑）过于强烈，有必要以刑罚的手段替代时，才可以动用刑法”。牧野英一教授也认为，在国家社会秩序调整之前，社会中最一般的和当然的维护权利和利益的手段就是私力救济，在刑事纠纷中就表现为复仇。从这个意义上可以说，复仇是人类社会中最初的刑事责任和民事责任的产生方式，甚至是唯一方式。至于表现形式或结果，可能并无差异。人的自利性也在这个过程中体现出来，复仇的程度和范围往往会超出自卫的必要范围，这对社会集体生活的持续是一种打击，于是国家开始注意对复仇的限制。所谓制限复仇者，即私力于制限之范围而公权化也，此乃国家为共同生活而制限个人的行动。❷ 最初意义上的刑法适用范围仅限于当私力复仇过于严厉，以致可能危害集体的氏族、部落或城邦的继续生存时。可见，刑法在产生之初即具有“最后手段性”，只是与现代刑法上的内涵存在完全不同的基础。

（二）古代西方

古代西方法律中，刑法与民法是不加区分的，侵权行为法的范围如此之大，以至于现代意义上的犯罪或犯罪法几乎完全处于侵权行为法的管辖之中。梅因爵士在他的《古代法》中就明确指出了这一点：“古代社会的

❶ ［法］卡斯东·斯特法尼：《法国刑法总论精义》，罗结珍译，中国政法大学出版社 1998 年版，第 68～70 页。

❷ ［日］牧野英一：《法律上之进化与进步》，朱广文译，中国政法大学出版社 2003 年版，第 14 页。

刑法不是‘犯罪’法；‘不法行为’法，或用英国的术语，就是‘侵权行为’法。”法律呈现出民法化的特征。这里尤其要提到的就是古罗马法。古罗马法作为西方社会最古老、最有代表性的法律体系，曾持久地征服了世界，直至今日，德国、法国等大陆法系国家的法律仍可以追本溯源到古罗马法，影响可谓极其深远。因此，研究刑法与民法关系的发展，离不开对古罗马法的分析。广义上的古罗马法，指的是古罗马奴隶制国家存续期间（自公元前753年古罗马城建立至1453年东罗马帝国灭亡）所有的法律制度，大致经历了四个阶段：即王政时期的习惯法阶段，以《十二铜表法》为主要渊源的早期立法阶段，繁荣发展的市民法与万民法盛行和法学家广泛行动的阶段，查士丁尼皇帝的全面立法阶段。期间先后有多部法典颁布，如《查士丁尼法典》、《钦定法学阶梯》、《学说汇纂》和《新律》等。《十二铜表法》被视为“一切公法和私法的渊源”，世界历史上最完备的成文奴隶法典也诞生于古罗马法中，即《国法大全》。这些法律渊源民刑合一，共同呈现出民法化特点。

古代西方法律的民法化首先表现在法典体例上的“诸法合体”，民法内容居多。“诸法合体在世界古代社会中不为鲜见”，[1]以古代西亚的楔形文字法的《汉谟拉比法典》为例，法典第229条规定了建筑师因业务上原因致人死亡的，“倘建筑师为自由民建屋而工程不固，结果其所建房屋倒毁，房主因而致死，则此建筑师应处死”。第36、37条则规定了不动产买卖中的契约使用，“倘自由民购买里都、巴衣鲁或纳贡人之田园房屋，则应毁具泥板契约，而失其价银。田园房屋应归原主”。可见，《汉谟拉比法典》中既包含刑法，又包含民法内容。法典由序言、条文（282条）和结语三部分组成，内容包括诉讼程序、盗窃处理、军人份地、租佃、雇佣、商业高利贷、婚姻、继承、伤害、债务、奴隶等，以民事内容居多。又如，《十二铜表法》第1、2表为诉讼法内容，分别为传唤（9条）、审理（4条）；第3、4、5、6、7表规定了大量民法的内容，执行（8条）、家长

[1] 王立民：《也论中华法系》，载《华东政法学院学报》2001年第5期，第4页。

权（5条）、继承和监护（11条）、所有权和占有（11条）、土地和房屋（10条）；第8、9表规定了很多刑法的内容，私犯（27条）、公法（6条）；第10、11、12表则规定了婚姻法的内容；另外，宗教法（11条）、前五表的补充（1条，规定平民和贵族不得通婚）以及后五表的补充（5条，有关祭品和债权及占有的规定）均规定了民事内容。法典中的民事法律内容居多，民法化特征明显。

古代西方法律的民法化还表现在犯罪行为法律责任的民事化。在古罗马，法学家依据所保护的利益，将法律划分为公法与私法。按照乌尔比安的解释，公法是以保护整个国家和社会利益为目的的法律，私法是以保护私人利益为目的的法律。相应地，侵犯他人利益的行为，也就分为公犯（crimen）和私犯（delictum）。私犯是指一切侵犯个人利益的行为，并且不论这种侵犯的程度如何，如侵犯个人财产的占有、盗窃、抢劫，均属于私法的调整范围。私法领域中的私犯就兼具现代法犯罪和侵权的内容。[1]而私犯的法律后果，既有同态复仇样态的制裁，又有罚金、赔偿等。如《十二铜表法》第8表私犯中规定，毁伤他人肢体而不能和解的，他人亦得依同态复仇而"毁伤其形体"；折断自由人的骨头的，处300阿斯的罚金，如被害人为奴隶，处150阿斯的罚金；对人施行其他强暴行为的，处25阿斯的罚金。

通过探讨，"可以看到，在罗马法所承认的民事不法行为的开头有盗窃罪。我们在习惯上认为专居于犯罪的罪行是不法行为，并且不仅窃盗，甚至凌辱和强盗，法学专家也把它们和扰害、文字诽谤及口头诽谤联系在一起。所有这一切都产生了'债'或是'法锁'，并都可以用金钱支付作为补偿。……因此，如果一种侵权行为或不法行为的标准是：被认为受到损害的是被损害的个人而不是'国家'，则可断言，在法律学幼年时代，公民赖以保护得以不受强暴或诈欺的，不是'犯罪法'而是'侵权行为

[1] ［英］巴里·尼古拉斯：《罗马法概论》，黄风译，法律出版社2000年版，第61页。

法’”。[1] 古代西方法律呈现出“诸法合体”与民法化倾向。

（三）我国古代

诸法合体是东西方早期法律中共同具有的特征，尽管如此，东西方并未真正的趋同，而是在强调民法或刑法发展中，选择各自不同的发展道路。具体来说，以古罗马法为代表的西方早期法律诸法民法化，而中国古代法律则选择完全不同的诸法刑法化。

首先，从语义学上来看，中国古代社会中，刑、法、律三者是在同一语义上适用的概念，并不存在区别。如《尔雅·释诂》“刑，法也”“律，法也”；《说文》“法，刑也”；《唐律疏义·名例》“法，亦律也”都表现出中国古代对刑、法、律的独特理解。结合内容来看，古代法均为强制性的惩罚手段，而与公民权利义务的明确无关。以此为基础观察中国古代历朝的法典可以发现，各朝均以刑、律作为法的形式：夏朝的“禹刑”，商朝的“汤刑”，西周的“九刑”“吕刑”，春秋时期郑国的“刑书”“竹刑”，秦朝的《秦律》，汉朝的《九章律》，三国时期曹魏的《新律》，两晋的《泰始律》，南北朝的《北魏律》，隋朝的《开皇律》，唐朝的《武德律》，宋朝的《宋刑统》，明朝的《大明律》，清朝的《大清律例》，这就自然地打上了刑事性质的烙印。这种观念与古代法产生的直接动因是密不可分的，即“刑起于兵”。刑起于兵，兵和刑的作用是一致的，兵的作用是讨伐外敌，刑的作用是诛伐内乱，二者共同以国家暴力强化统治、巩固政权。《国语·鲁语》曰：“大刑用甲兵，其次用斧钺；中刑用刀锯，其次用钻笮；薄刑用鞭扑，以威民也。”兵为御敌而起，刑为乱政而作，其暴力性可想而知。

其次，从法典体例上来看，清末修律前，中国古代并不存在现代意义上的部门法划分，历朝更迭导致法典不断颁行，法律规范始终合并规定。这种局面从战国时代魏国李悝制定《法经》到唐代法典集大成《唐律疏

[1] ［英］梅因：《古代法》，沈景一译，商务印书馆1996年版，第214页。

义》再到《大清律例》，直至清末沈家本修律，模仿大陆法系国家的立法，才将民法、刑法、诉讼法等分开编纂，打破了“诸法合体”，真正实现了法典上的“刑民有分”。《唐律疏议》共12篇：名例、卫禁、职制、户婚、厩库、擅兴、贼盗、斗讼、诈伪、杂律、捕亡、断狱，30卷，502条。其中，首篇《名例律》起到现代法律总则的作用，体现了唐律坚持的基本原则和法律精神；后11篇以分类的形式规定了应受惩罚的行为及如何处罚，相当于刑法分则，其间也有部分民事、行政等其他方面的规范。《名例律》中关于私物如何还主的详尽规定以及《杂律》中的无故于城内街巷走车马、向城官私宅射、施机枪条款中杀伤畜产赔偿的规定显属民事法律规范，另外关于如何赔偿的规定也大量存在于《杂律》条款中。《大清律例》共40卷，436条，除首篇《名例律》外，其余各篇按6部命名排列，即吏律、户律、礼律、兵律、刑律和工律，以下分为职制、公式、户役、田宅、婚姻、仓库、课程、市廛、祭祀、仪制、宫卫、军政、关津、厩牧、邮驿、贼盗、人命、斗殴、骂咒、诉讼、受赃、诈伪、犯奸、杂犯、捕亡、断狱、营造和河防。泛于其中的是各种严刑峻法，涉及婚姻、继承等民事方面内容的法条非常少，大概仅占10%。

最后，从中国古代法律责任类型来看，民事法律后果表现出明显的刑罚化特点。中国古代漫长的封建社会中，法律责任的类型由于受到社会条件制约而呈现不同的内容和形式，但无论如何演变，这些责任的性质始终定位在刑事责任上，刑事制裁的具体方式长期围绕笞、杖、徒、流、死的体系种类。这也反映了不同历史时期以及不同朝代的法律中，法律规制对象的性质为犯罪行为。刑事责任的适用不仅针对颠覆国家、谋害皇权等危害封建统治秩序的行为，还针对一些婚姻、家庭、财产等民事行为。如，《唐律疏义》中规定，凡是父母、祖父母仍然健在，而子孙与其分家、另立门户的，判徒刑3年；同姓结婚的，各自判徒刑2年。《杂律》中规定：诸负债违契不偿，一匹以上，违二十日笞二十，二十日加一等，罪止杖六十；三十匹加二等；百匹又加三等。各令备偿、诸侵巷街、阡陌者，杖七十。若种植垦食者，笞五十。各令复故。

中国古代法律之所以“以刑为主”，主要与长期的君主统治、国家高度集权有关，与这种政治环境相适应，社会上权利观念缺乏、个人权益无从存在。于是，人法、财产和继承法以及契约法“缩小到更狭小的范围之内，既然一切身份形式都共同从属于父权之下，既然妻对其夫没有任何权利，子对其父也没有任何权利，以及受监护人对其监护人也没有任何权利，这个等于身份法的人法即被限制在最狭小的范围内。同样地，有关财产和继承的规定也不会很多。既然土地和财产是在家族内授受的，并且，如果真的要分配，也是在家族的范围内进行的，但是古代民法中最大的缺口始终是由于缺少‘契约’造成的，在有些古代法典中完全不提到契约，而在另一些古代法典中则用一些精细的‘宣誓’法律来代替契约，这足以证明契约所依据的道德观念还没有成熟。至于刑法，并没有同样使它贫乏的理由，因此，纵使我们不应冒昧地宣称国家的幼年时代是一个无法抑制的强暴时期，我们仍旧应该懂得为什么刑法和民法的现代关系竟在古代法典中颠倒过来”。[1] 笔者认为，梅因的这段话很好地描述了我国古代法律的形成状态。当然，这种“以刑为主”是否就表明了我国古代法律中不存在民法？对这个问题的回答，其实关系到我们如何认识民法概念这一前提。如果以调整对象的范围作为划分的首要标准，则我国古代法律中不乏对婚姻、家庭、继承等的规定。在已发现的历史资料《周礼》中就有许多调整民事关系的规范，如“凡得获贷贿，人民六畜者，委于朝，告于士。司而举之，大者公之，小者庶民私之”，即是对拾得物所有权的处置规则。但若坚持现代民法树立独特的旗帜自由和平等观念、制度构建以权利为本位，以此作为逻辑起点，则中国古代专制社会中，以义务为本位、等级制度森严，必然难以留有民法的生存空间，民事关系未能得到发展，真正意义上的私法并不发达。一些现代法律中仅作为民事违法进行规制的行为在古代刑法中被认为是犯罪。这种行为典型的有两种类型：债务行为和侵害人格权、家庭关系的违法行为。中国古代民法的主要渊源是“礼”，民事

---

[1] ［英］梅因：《古代法》，沈景一译，商务印书馆1996年版，第208页。

关系依靠“礼”进行调整。实际上，无论是否肯定中国古代存在民法，法律的刑法化特点都是不可否认的。正如孟罗·斯密所言：“古代法在实质上，主为刑法与侵权行为法。多数在今日为犯罪的违法行为，在古代不过视为一种侵权行为而已……侵权行为法与刑法乃发达于司法机关（法院）及司法程序之前。侵权行为之诉，主系代表个人对于一不法行为之反动，换言之，即表征一人复仇之欲。至对于感觉有威胁全体福利之虞的行为，社会全体所生之反动，始为刑法发达之起点。”❶

二、泾渭分明：刑民分立的二元格局

刑法与民法的发展与分立是世界法律历史演进过程中的深刻变革，尽管发生彻底分离的具体年代无从考证，但无疑经过了一个相当长的逐步发展时期。并且，从世界范围内的发展状况来看，西方国家完成刑民分立的时间要远早于中国。西方资产阶级革命后，为维护资本主义的社会和经济秩序、保护社会成员的人身和财产权利，而制定了系统的民法典和刑法典。在中国，立法上的刑民分立始于鸦片战争后、20 世纪初实行的法制变革。1902 年 4 月 6 日，光绪皇帝下诏，“参酌各国法律，改订律例”，并指派沈家本、伍廷芳为修律大臣。次年，设立修订法律馆，专门从事法规编纂工作。1907 年，光绪皇帝指定沈家本等主持民、刑等法典的编纂。❷ 在沈家本的主持下，刑法典由日本法学家冈田朝太郎等人帮助起草，1911 年中国历史上第一部近代意义上的专门刑法典《大清新刑律》颁行，共两编 53 章 411 条，并附有《暂行章程》5 条。同年 8 月，即宣统三年，中国第一部民法典草案《大清民律草案》在日本法学家松冈义正、志田钾太郎的协助下全稿完成。该草案共计 1569 条，分为五编，即总则、物权、债权、亲属和继承，史称“第一次民律草案”。就内容上而言，《大清新刑律》抛

---

❶ ［美］孟罗·斯密：《欧陆法律发达史》，姚梅镇译，中国政法大学出版社 2000 年版，第 30～31 页。

❷ 王利明、杨立新等著：《民法学》，法律出版社 2005 年版，第 34 页。

弃了以往旧律“诸法合体”的编纂形式，以罪名和刑罚等专属刑法范畴的条文作为法典的唯一内容，确立了新的刑罚制度、采用了一些近代西方资产阶级的刑法原则和近代刑法学的通用术语，因而成为一部纯粹的专门刑法典。《大清民律草案》仿照德国式民法草拟，分总则、债权、物权、亲属、继承五编，体现出明显的资产阶级民法的特征，对以后的民事立法产生了重要影响。

刑法与民法之间由合一走向分立的过程中同时发生着民法的发展与现代意义上刑法的崛起，这是在特定历史年代和经济文化背景下发生的现象。市场经济需求、市民社会发展和公私法分野的环境中，民法与刑法逐渐进入技术性分化阶段，这些因素天然地直接供给民法以发展的动力，刑法也攫取着发挥保障功能的空间。

（一）基本法与保障法：市场经济中的刑民分立

众所周知，任何法都存在于一定的经济环境中，根据“经济基础决定上层建筑”的哲学原理，法律结构必然受到不同时代经济中利益需求的影响。自然经济褪去后，市场经济本身与法治的密切联系，必然促进法律的变革。

在西方社会发展史上，市场经济是在自然经济颓废后被迫推进的，这种推动首先源自14世纪到15世纪的西欧。当时，空前严重的危机、接连不断的饥荒、瘟疫和战争将经济和社会推入发展停滞的边缘，而大洋彼岸的古代中国和印度则日益繁荣，这就促使欧洲人前往东方，产生了最初的市场交流。之后在欧洲列强的全球性殖民侵略中，不平等的经济交流在世界市场范围急剧扩张。随着第一次工业革命、第二次工业革命的完成，资本主义工业化持续发展，真正的市场经济体制建立，成为资源配置的最有效形式。市场经济（又称为自由市场经济或自由企业经济）是指在资源配置中由市场在管理、规制和决定资源配置中起基础性作用，产品和服务的生产及销售完全由价值规律所引导，从而在最大程度上满足社会需求的同时实现利润最大化。市场经济一经产生，便成为最具效率和活力的经济运行载体，发掘其优越性成为各国经济发展的动力。西方经济学家对市场经济的优越性即特征作出过不同的论述，但无论差异如何，几乎都承认市场经济的以下特性：平等性、竞争性、法制性、开放性，这就足见市场经济与法制的天然联系。

就民法自身而言，其在历史上一直与商品经济或市场经济的发展紧密联系在一起。在罗马时期，正是由于出现了较为发达的简单商品经济，罗马法才得以孕育、产生和完善。欧洲中世纪后期，由于资本主义商品生产和交换在封建的自然经济的空隙中产生和发展，导致了罗马法的复兴。1804 年的《法国民法典》以罗马法为蓝本，巧妙地运用法律形式把刚刚形成的资本主义社会的经济规则直接译成法的语言，从而“成为世界各地编纂法典时当作基础来使用的法典”。[1] 19 世纪末期，由于市场经济的发展，产生了资本主义成熟时期的法典代表——《德国民法典》。从民法的内容来看，民法调整社会关系的内容和方式正是逐渐形成于建立和发展市场经济的过程中。首先，独立的商品“监护人”（所有者）是必不可少的，这决定了主体是否具有参加交换的主体资格，民法上称为“法主体”或“法人格”，继而规定了民事责任能力和行为能力的确认、民事主体之间的平等资格，并在逐步发展中确立“权利能力的完全和平等”作为近代民法的基本原则之一；其次，商品交换者对商品必须享有所有权，反映到法律上就是民法通过物权法律制度确定主体的对物权利：交换的对象即“物”的范围是特定的适合在公开市场上交换的物；主体和物之间具有连接的纽带——所有权，这种权利包括了对物的占有、使用、收益、处分的内容，并在近代确立了所有权完全、排斥任何外来干涉的原则；最后，商品交换者必须意思表示一致。具有平等地位的主体之间围绕交换物进行一系列交涉后达成一定的共识，决定双方或单方面必须实施的行为。符合这些条件后，就可以进行商品的交换过程，即契约的履行。围绕该论题，民法不仅确立了与契约相关的具体制度，比如契约的成立和生效、内容和履行、违

---

[1] 《马克思恩格斯选集》第 4 卷，第 240 页。

约和责任等，还提供了一系列的保障性原则，如意思自治、诚实信用等原则，保障市场交易可以自由、顺畅、有效进行。

在市场经济的法制体系中，如果说民法是市场经济的基本法，为市场经济的参与者设定权利义务，提供管理、决策的共同规则，而且这种规则倾向于积极肯定主体在自由意志支配下行为的法律效力；那么刑法就是市场经济的保障法，以严厉的否定性评价排斥违法经济行为的存在，保障市场经济的运行。市场经济的早期发展属于自由市场经济阶段，绝对的意志自由和私法自治理念排斥任何形式的公权力介入，因为公权力的强制性往往会威慑和干扰行为主体的交易意愿。于是，自由市场经济基础上的社会生活中弥漫着自由意志，民法中遵循绝对的私法自治，一般的违约或违法行为均要承担等价赔偿的民事责任。但是与自由市场经济突出经济效果相伴随的是经济危机与垄断的出现，为了弥补这种自由市场竞争的失灵，西方市场经济国家普遍实行了政府干预，公权力在经济发展中逐步渗透，发挥“看得见的手”的作用。刑法作为一种代表国家或社会共同体的公权力，直接进入市场秩序的维护中，一方面，建立起经济社会秩序中的“犯罪圈”，将严重侵害他人财产利益、破坏经济秩序的行为规定为犯罪，进行严厉的否定性评价；另一方面，对违反者处以刑事责任，这种责任形式不同于等价赔偿的民事责任而更加具有惩罚性。当然，刑法惩罚的严厉性，也决定了其适用的严格性，刑罚权的启动必须严格遵循罪刑法定、罪责刑相适应等原则。

可见，基于市场经济发展的需求，刑法与民法需要各自确立独立的调整范围，以充分发挥法的作用，于是促进了刑民分立：民法从权利义务角度为市场经济的参与者提供管理、决策的共同规则；刑法以严厉的否定性评价排斥违法经济行为的存在以保障市场经济的运行。

（二）矛盾与互动：市民社会政治国家中的刑民分立

从历史发展进程来看，市民社会与政治国家这对范畴，无论是理论上的真正确立，还是在现实中的璀璨发展，都是近代西方历史发展的产物。

但是，“人类历史自始便具有一种不容忽视、必须承认的基本的统一性”。[1]这一分析范畴自从确立后，就因其对特殊利益与普遍利益、个人权利与国家权力、私人领域与公共领域、个体价值与整体价值等人类历史轴心脉动的深层关怀和广角涵摄，而赋有了超越于东方与西方、传统与现代的历史反思性和整体关照性。[2]市民社会与政治国家的发展不存在标准的样态模型，在东西方经历了迥异的发展路径。在古希腊，公共生活领域和私人生活领域的不同已经得到辨识，但是国家和市民社会仍然是融合的。古罗马文明中，私人领域的优先性得到保护，人们“从不为了公共领域而牺牲私有领域，相反他们懂得只有在两者共存的形式中，这两种领域才能生存下去”，这就给市民社会和市民法的发展留有必要的空间。[3]直至中世纪的蛮族入侵中，私人世界完全处于政治国家的奴役之中，但是“契约”观念与多元权力的冲突为市民社会的近代成长提供了喘息的机会和能力，最终形成了市民阶层联合王权的胜利，市民社会与政治国家的二元进程正式建立。在中国等东方国家，国家与市民社会关系的发展相对简单，国家发端于社会之后反过来“同一”了社会，“绝对的君主专制国家，拥有强大的官僚机器，基本生产资料的国有制形式是其经济基础（权力——财产），而私有制则只具有次要意义”。[4]这使得东方社会难以拥有真正意义上有力量的“市民社会”“市民共同体”。近代以来，政治国家吞并市民社会发展的步伐逐渐减弱，但它“一直是导致东方国家发展‘停滞’的一个重要因素”。[5]

西方近代法治的形成与界限源自诸多因素的结合，如政治、宗教、经济等，但是，归根结底是在市民社会与政治国家的矛盾和互动中孕育的。

---

[1] ［美］斯塔夫里阿诺斯：《全球通史——1500年以前的世界》，吴家婴等译，上海社会科学院出版社1988年版，第55页。

[2] 邓正来：《国家与市民社会——一种社会理论的研究路径》，载邓正来、［英］亚历山大编：《国家与市民社会》，中央编译出版社1999年版，第17页以下。

[3] ［美］汉娜．阿伦特：《人的条件》，竺乾威等译，上海人民出版社1999年版，第46页。

[4] ［俄］拉扎列夫：《法与国家的一般理论》，王哲等译，法律出版社1999年版，第57页。

[5] 马长山：《市民社会与政治国家：法治的基础和界限》，载《法学研究》2001年第3期，第20～21页。

近代资产阶级革命开辟了市民社会与政治国家的二元发展进程，现代意义上的个人自由充斥其中，个人利益在解放中膨胀，而复归的公共利益和公共权力亦存在扩张性，因此，个人权利、个人利益之间以及公共权力之间存在多元的复杂博弈，必然要求建立恰当的平衡原则。于是，法律成为众规则中最有力的工具。至此，法律脱离了统治工具的功用，而成为组织国家和社会生活的有力工具，并在地位上获得了至上性。与此同时，市民社会组织下的社会大众以理性经济人的心态结合而成的众多社会集体，分解着国家权力；市民社会发出的多种声音经过公共领域的多元价值评判，整合为公共舆论，进而通过特定的渠道行使权力者的引导力量。这样，市民社会既“要求限定国家（或政府）的行为范围，要求国家受法律的约束，但同时又要求国家能够有效地实施保障市民社会多元性及其必要自由的法律”。[1] 民法奉行的财产私有、契约自由，是市民社会以交换价值纽带相联系的基础条件；刑法作为国家权力对社会的最强有力干涉，行使的合法性也应得到最严格的审查，刑法与民法之间存在权利保障与权力制约的巨大张力，二者分立势不可挡。

（三）公法与私法划分与刑民分立

公法与私法的区分源自古罗马法，在《十二铜表法》这部最早的成文法典中不存在宪法、行政法规等，基本都是关于私人之间关系的规则，这就体现了区分公法与私法的最初法律倾向。在理论研究的范畴中，古罗马五大法学家之一的乌尔比安首次对公法与私法作出明确的阐释，“公法涉及罗马帝国的政体，私法则涉及个人利益”。[2] 这种划分在当时并没有确立某种具体的标准，在实践中形成了诉讼法划归私法，私法独大的情形。在之后的发展中，公法与私法的划分随古罗马帝国的灭亡而一度沉没，终于在17、18世纪迎来了欧洲大陆上罗马法的复兴，其间经过注释法学派、自

---

[1] 希尔斯：《市民社会的美德》，李强译，载邓正来、［英］亚历山大编：《国家与市民社会》，中央编译出版社1999年版。

[2] （罗马）查士丁尼：《法学阶梯——法学总论》，商务印书馆1989年版，第5页。

然法学派的阐释发展，私法和公法再次获得繁荣。资产阶级革命后，公法与私法的划分成为各国进行法典编纂、建构法律体系时考虑的基础性因素。由于两大法系在法律传统上的差别，这种划分更多地运用于大陆法系国家，当然，在近现代史上，英美法系国家对古老普通法体系的改进也利用了公法和私法的理念。在我国法律体系的构建过程中，公法与私法划分标准的继受问题也一度成为学者们关注的焦点，后来也逐步达成一致：公法与私法的划分不是资本主义条件下的特有现象，我国社会主义市场经济也应有公法与私法，而且需要根据我国的国情进行公私法的相应建设。而关于公法与私法的划分标准问题，自其产生之日起学界即难以达成一致意见。大致存在几种代表性学说：最普遍的学说“主体说”（subjekttheorie）认为，私法中的法主体均为私人或私团体，而公法中的法主体双方或至少一方属于公团体；法律关系性质说认为，公法中存在的是权力者与服从者之间的关系，私法中则为对等者之间的关系；“利益说”（interessentheorie）则将公法认定为以公益为目的的法，私法是以私益为目的的法。[1] 无论公法与私法之间的区分标准如何，民法作为民事权利之法，调整平等主体之间的财产和人身关系，当然属于私法的范围；而刑法属于国家动用刑罚权、使用暴力机关对触犯规则的私人或私团体进行处罚，应当划归为公法。至此，随着公法与私法在现代法律体系中地位的确立，刑法与民法发生了彻底的分立。

三、相互渗透：刑民再接近

刑法与民法作为共同追逐法律秩序的法律规范，其“所涉及的是，一个群体和政治社会是否采纳某些组织规则与行为标准的问题。这些规则与标准，按照其设想，是要给予为数众多却又混乱不堪的人类活动以模式和

[1] ［日］美浓部达吉：《公法与私法》，黄冯明译，中国政法大学出版社2003年版，第3～4页。

结构”。[1] 仅凭这一点，就可以说刑法与民法是不能撇开对方去独闯天下的。法治在刑法与民法并立的矛盾发展基础上确立后，并没有止步不前，而是随着时间的推移不断变化和发展。尤其是在现代哲学思想与社会理论中，刑法与民法摆脱了严格分立、互不干涉的隔离局面，出现了理论与实务中的趋近。在这里，“趋近”不同于古代发展中刑法或民法侵吞对方后表现出的“同一”或“单一性”，而是一种保存个性基础上的“综合统一体”。

（一）刑民再接近的历史背景

1. “社会国家化”和“国家社会化”的互动兼容

现代意义上的西方法治产生于市民社会与政治国家的二元进程中，在经过资产阶级革命的“政治解放”后，二者均攫取到各自蓬勃发展的空间，并呈现出相互分离分立的状态。但是，进入垄断资本主义以后，不仅经济模式发生了很大变化，更为具有影响力和推动力的是全球发展浪潮的不可抵挡，尤其是在二战后，世界性的科技变革以及统一市场对西方社会的政治、经济和文化都产生了重大影响。市民社会和政治国家也不能岿然不动，只能一改在自由资本主义时期的简单分立和“对抗”的状态，而逐渐进入“社会国家化”和“国家社会化”的互动兼容之中。这种关系主要表现为：一方面，国家形态的特征发生变化，从更加强化社会功能而完善社会福利制度，这也成为国家对市民社会干预更多的方式，官僚化色彩渐浓；另一方面，市民社会生活中，公民在标榜个性自由、维护个人权利的同时，积极参与政治活动、理性分担国家权力，沟通了权利与权力、自由与责任，市民社会和政治国家通过公民的社会活动取得了和谐统一的内在支撑。[2] 加之信息化将国家和社会生活的内容加以粘合，使得“政府和公民现在越来越明显地生活在一个一体化的信息环境中”，政府和市民社会

---

[1] ［美］博登海默：《法理学——法哲学及其方法》，中国政法大学出版社 1999 年版，第 237 页。

[2] 马长山：《公民文化：精神文明建设的重要内容》，《社会科学》1993 年第 8 期。

也“并不存在永久的界限”。

市民社会与政治国家的重大变化，必然给西方法治的理念和传统带来挑战和发展的机遇，特别是给法制结构带来反思的平台，突出表现为法律整体本身的制定和运行向集体主义和公共政策投以更多的目光、公权力如行政权的运行中自由裁量权得到扩大等。不少西方法学家对此表示忧虑，认为前行的法治受到“侵蚀”陷入了“衰落”，在“后自由主义社会中，法治已经趋向于解体”。[1] 乐观的法学家则持有不同的观点：弗里特曼等人否认了“守夜人”式法制在当时的合理性，将之视为拒绝文明进步的表现；[2] 昂戈尔强调重视人类社会发展中自然生长的“潜在的、活的法律”；哈贝马斯试图找到“自由主义范式”和“福利国家范式”之间的内在联系，认为“一方面，只有公民在私域自主受到平等保护的基础上充分独立时，他们才能够适当地利用其公域自主；另一方面，只有在（作为有普选权的公民）恰当地运用政治自主时，他们才能在私域自主方面达致两愿的节制”。[3] 国家和市民社会中，单纯追逐“自由法律”，自我地创设“私法社会”（完全的所有权和契约自由），是建立在个人自由必定通往社会公正的前提之下，忽视了法律的平等功用。因而，私法规则必须与政府结为合作伙伴。正因为如此，民法作为市民社会中的最高法则，不可能期望个人领域的完全私法化，而与规制国家刑罚权的刑法完全隔离，二者必定出现再接近的局势。

2. 公法与私法的“亲密接触”

公法与私法这一古老的划分方法，在穿过漫漫的历史幕障后，不再具有严格的法制界限，甚至出现了“相互渗透”的趋势。这种趋势是伴随着经济的阶段性发展而出现的，自由资本主义时期过度的自由交易与守夜人角色的“小”国家和政府并存，结果是出现贫富差距并逐渐加剧。资产阶

---

[1] ［美］昂格尔：《现代社会中的法律》，吴玉章等译，中国政法大学出版社 1994 年版，第 180 页。

[2] 沈宗灵：《现代西方法理学》，北京大学出版社 1992 年版，第 480 页。

[3] ［德］尤根·哈贝马斯：《法治与民主的内在联系》，景跃进译，《中国社会科学辑刊》（香港）1994 年总第 9 期。

级革命的旗帜“自由、平等和人权”在社会现实中并没有更多地得到实现，而是形成了紧张对抗的状态。尤其是在19世纪末20世纪初，西方国家由自由资本主义过渡到垄断资本主义阶段，及之后的30年代起经济危机频频爆发，国家范围内的市场开始暴露其缺陷和面临困境，如在消费者权益维护、劳动者利益保护、环境资源的利用等方面出现了一系列严重社会问题。于是，西方国家开始了强调国家干预的实践，不仅在经济政策上改“自由放任主义”为“国家干预主义”，在法治上也放弃“自由法律范式”而启用“福利国家范式”，以期实现自由与平等、私益与公益之间的和谐统一。这种变化就明显地表现在公法得到更多重视，公法中的成分也对私法进行渗透，从而形成新的“全面正义的法治模式”，[1]在法治中就出现了“私法公法化”的领域。但是，权力的过多干预也不是万能的解决之道，反而注入了危机，法治模式中的权力秩序规则不可避免地呈扩大姿态，“家父主义”色彩明显，成为对西方法律传统的致命威胁。这种法制姿态下，尽管自由主义的复归是一种神话，但在法律的制定和实施中以市民社会为目标，在多种价值之间进行理性思考来构建多元社会，却是可行之路。为此，严厉的国家干预也成为各国的改善对象，市场的自由调节再次受到重视。最为明显的就是20世纪70年代末以来，西方国家开启了轰轰烈烈的政府改革。在这场改革中，法制世界的最大变化就是公法领域萌发了个人自治的因素并有强化之势，理论界称为“公法私法化”倾向。当然，“公法私法化”以及“私法公法化”的定义本身不一定准确，也不能得到学术界的一致认可，但是其中表现出公法与私法不可“老死不相往来”，法治中的权力与权利、公共利益与个人利益的衡平保护，这种理念和价值选择却是不可动摇的。

在我国的学术史上，囿于意识形态的负担，公法与私法的观念曾一度为学者们回避或否定，直至20世纪90年代市场经济在大陆范围内的建立，这种态度才发生改变。如今，无论在理论上还是实践中，法律学人都习惯

[1] 张文显：《二十世纪西方法哲学思潮研究》，法律出版社1996年版，第622页。

于公法与私法的法律划分方法，甚至视为法学中存在的当然理论。值得注意的是，这种观念浸润下的学者思维亦未陷入僵化的陷阱，而是在关注本土法律资源的同时，注意到了公法与私法在西方社会发展的新走向：在民法这一私法领域和宪法这一公法领域的学者对公法与私法发展的新趋势均有些许的描述。徐国栋教授曾在公开的学术场合表示，“民法的人格问题是一个公法问题，民法中间有不少的公法因素，体现在总则、物权法、亲属法部分”；[1] 柳经纬则在其主编的《民法总论》（第2版）中写到，“民法原则上是私法……在人格和身份制度、物权制度和知识产权制度中，有相当多的公法规定，这也是必须予以注意的”；[2] 而在《物权法（草案）》起草过程中引发的是否合宪的讨论中，童之伟教授在描述宪法时认为，“宪法是一个国家整个法律体系的根本法，严格地说不是公法，在这个意义上不应称之为公法”。这些学者或通过具体制度的研究或通过对部门法的探索，均道出了公法与私法“亲密接触”的状态。

（二）刑民再接近的表现

现代法律环境中对刑民再接近的现象有诸多关注和描述，如“刑法民法化”或“刑法私法化”与“民法刑法化”或“民法社会化”。前者指向的是民法精神或制度在刑法立法或私法中的渗透，后者则是指刑法的成分在民法中的引入。

就刑法学领域来讲，“刑法民法化”或“刑法私法化”既不是所有学者都赞同的论调，亦未形成通说观点，在学术探讨中呈现出肯定论与否定论的不同主张。持肯定观点的人认为刑法的传统理念发展到现代市场经济阶段，以国家为根本的一元社会结构发生变化，“市民社会决定政治国家，政治国家必将统一于市民社会”。[3] 这种趋向在刑法方面的“历史使命就是

---

[1] 参见徐国栋：《认真地寻找丢失的人格（未定稿）》，http：//romanlaw. cn/sub2 – 104. htm，访问日期：2013 – 08 – 10.

[2] 柳经纬主编：《民法总论》（第2版），厦门大学出版社2005年版，第14页。

[3] 《马克思恩格斯全集》第1卷，第251 ~ 252页；第21卷，第345页。

要完成从政治刑法到市民刑法的转变”。❶“刑法民法化”就出现在这种转变的过程中，包括三层含义：平等、自由、人权等专属于民法的精神成为影响市民刑法发展的因素；刑法不再打着国家利益的幌子而侵蚀市民社会的管辖领域；刑法恪守谦抑性而服务于市民社会。从比较法的视野观察，国外在具体制度上的表现有：其一，承认私力救济行为作为刑法免责事由，如韩国《刑法典》、《日本改正刑法草案》、美国《模范刑法典》以及我国香港《盗窃罪条例》中的明确规定；其二，刑法中设立最具私法色彩的关于亲告罪的立法；其三，刑事司法中提倡刑事和解等恢复性司法；其四，将赔偿性替刑措施作为刑罚的替代措施。❷ 1997 年我国刑法经过里程碑式的发展后，民法化日趋明显：一，刑法三大基本原则与民法上的契约自由、平等、等价等理念不谋而合；二，刑事自诉这一富有意思自治色彩的制度适用范围扩大，并且未来的发展趋势是继续扩大；三，刑法犯罪圈释放一些行为就扩大了民事行为的领域；四，在处理民刑法律冲突时，确立了民事优先原则；五，刑事责任日益带有民事责任的色彩；六，单纯以刑罚对付犯罪的传统逐渐打破，民法在防治犯罪中的作用日益扩大。❸ 就刑法的未来发展而言，“刑法私法化”的趋势将继续加强。

当然，也有学者对此提出质疑，并对肯定论者的论据进行了一一驳斥。首先，刑法三大基本原则并非源于民法的基本原则，相反，它们有本质上的不同；其次，刑事诉讼法中自诉制度适用范围的扩大与其说是“私法自治原则”运用的结果，不如说是防止司法机关相互推诿的补救措施；再次，旧刑法中的犯罪行为转由民法调整，只是表明了犯罪化与非犯罪化的动态性和发展性；然后，刑事责任仍以惩罚性为本性，而不具有民事责任的补偿性；最后，民法、行政法等在犯罪的预防中确实能起到一定的作用，但是并不能以此确定刑法的民法化或行政化，否则就模糊了刑法发展

---

❶ 陈兴良：《从政治刑法到市民刑法》，载《刑事法评论》第 1 卷，中国政法大学出版社 1997 年版，第 43 页。

❷ 王瑞君：《论刑法的私法化倾向》，载《山东警察学院学报》2006 年第 3 期。

❸ 姚建龙：《论刑法的民法化》，载《华东政法学院学报》2001 年第 4 期。

的未来。[1]

那么，是否就可以直接得出“刑法民法化”或“民法刑法化”的结论呢？笔者对此持保留意见。首先，从文义上讲，在汉语词典中“化”置于名词后做后缀只有一层含义，即“使成为，使变成”。据此，“刑法民法化”的字面含义为“使刑法变为民法”，将此作为法律发展的趋势似乎意味着未来刑法的不断萎缩与民法的不断扩张，刑法会失去与民法并列的能力，更不要谈二者之间的对立矛盾。因此，“刑法民法化”这一命题隐藏着抹杀刑法学科独立性的危险，也容易导致人们的误解，是一个需要慎重对待的法律范畴。其次，刑法理念决定着刑法的性质及其发展方向，也只有弄清刑法的理念，才能明确刑法原则及其具体内容；刑法理念的特殊性决定了刑法基本原则绝非简单来源于其他法律。从刑法的正义理念来看，刑法的强大力量来源于国家刑罚权及其威严，但是刑法正义赋予了刑法基本内容，并在大众认同中获得发自内在的力量，自然催生了认可“适用法律平等”原则的必要性；从刑法的存在目的来说，其正当性在于刑法对公众自由的保障和扩大、对国家惩罚权的限制，罪刑法定原则的确立就标志着中国刑法走向理性与科学，向着人性回归，为最终保障公民自由奠定了基础；从刑法的谦抑思想来分析，“使用强制性制裁的需要愈少，法律就愈能更好地实现其巩固社会和平与和谐的目的。……秩序的真正生命力依然源自内部。是良知造就了我们所有的公民”。[2] 最后，无论发生何种变化，刑法犯罪论和刑罚论中的具体制度仍以惩罚性和犯罪性为基础，如刑事责任中的替代性措施或罚金刑并不是对刑事责任性质的否定，刑罚本身的痛苦性和惩罚性并未发生变化，刑事附带民事诉讼中民事赔偿优先的确立，实际上是公平正义理念的贯彻，以防合法利益人受到损失，与所谓的“刑法民法化”没有密切联系。

---

[1] 刘凤科：《刑法在现代法律体系中的地位与特征》，人民法院出版社 2007 年版，第 182 ~ 188 页。

[2] ［美］博登海默：《法理学——法哲学及其方法》，中国政法大学出版社 1999 年版，第 230 页。

民法领域也于21世纪初出现了“私法社会化”或“民法刑法化”的说法，[1] 并将其解释为私权受到国家和社会限制的状态，具体表现为：在物权法领域，所有权这一绝对权不再“绝对”，受到社会公共利益和效率的限制，出现“所有权社会化”；在合同法领域，并非所有体现当事人意思自治的合同形式都为法律所允许，如卡特尔这一契约在许多国家受到反垄断法等的限制；在公司法领域，公司本为当事人之间约定的契约，但是当代的公司法对这一处分权利的自治行为加以规制，几乎成为一部社会性的法律；在民事责任领域，民法中惩罚性赔偿责任（vindictive damages，punitive damages，exemplary damages）的采纳，打破了一贯的补偿性特征，而与刑法中的惩罚性有密切联系。这些对民法发展的描述虽有一定道理，但明显误读了发展的性质。“所谓社会本位之法制，亦唯权利本位法律之调整，绝非义务本位法律之复活也。法国1804年拿破仑民法，为典型之权利本位法律，而以契约自由，权利之不可侵，及过失责任为其基本原则。凡此三大原则，迄今仍为自由世界各国法制之基础。”在民事法律领域的权利限制“仅属原则之例外，拿破仑法典中之三大原则，谓其已有修正则可，谓其已非原则，予未见其然也”。[2] 需要提及的是惩罚性赔偿在民法中的出现，并未改变民事责任的补偿性质，尤其是在大陆法系国家，部门法律的相互衔接中，庞大的行政权管理范围及丰富的行政制裁手段，往往对危害性较大的侵权行为加以威慑和处罚；而惩罚性赔偿的适用范围实际是非常小的，补偿性赔偿仍旧是主要的赔偿原则。

无论是肯定论还是否定论均属于学者关注刑法与民法之间关系的产物，是在同一文化背景和时空环境之下对两大部门法的比较，对于这种学术努力，直接得出对错的判断常常遮蔽研究背后的深刻内容。在人类发展的漫长历史时期内，社会的土壤总是可以滋养出特定的法律体系，宪法、民法、行政法、刑法、诉讼法等齐心协力为共同的法治目标而相互配合、

---

[1] 覃有土、樊启荣：《私法社会化思潮的源流》，载吴汉东：《私法研究》（第1卷），中国政法大学出版社2002年版。

[2] 王伯琦：《民法总则》，正中书局1970年版，第32～33页。

相互衔接。长期以来，研究者大都聚焦于部门法划分后各自的责任田，专注于部门内的精细化研究，这确实有助于问题的及时解决，但“只扫门前三尺雪，不管他人瓦上霜”的封闭态度与局限于既有领域和范围的做法，有违研究的完整性与协调性，完全可能导致某一研究地带的真空或重叠。强调“刑法民法化”或“民法刑法化”的观点，正是给不同领域的研究者牵线搭桥，以实现理论研究与司法实务中不同部门法的联动。这正是讨论“刑法民法化”或“民法刑法化”问题的逻辑起点，也是刑法与民法再接近的基础；而“刑法民法化”或“民法刑法化”的论题虽并不科学，却也是刑民关系再接近的表现。当然，在现代法律体系中，刑法与民法的再接近是在同一法网下追求公平正义这一法律最高理想的新发展，但这绝未模糊刑法或民法的独特性，二者亦未出现混同的迹象。相反，如何划清刑法与民法、犯罪与侵权的界限，仍为学者们努力的基本方向。

第二节　观点争鸣：刑法与民法关系的研究状况

近代以来，随着自由、平等、人权、民主、法治等观念逐渐从政治领域融入社会秩序和制度中，人们开始希冀公权力远离个人自治领域，同时处于保障个人利益的特定范围内，从而区分公域与私域成为人们对法治期待的开始，刑法与民法的区别也成为其中之意。至于刑法与民法之间的关系论述，距边沁在《道德与立法原理导论》谈及刑法与民法的区别已经有两个世纪，但这一课题的魅力始终未减，而且这一魅力已经远远超越了学科的藩篱，诸多哲学家、法理学家、社会学家、经济学家给这一问题的研究留下了多学科智慧的成果。同时也应该看到，民法和刑法学科内，却是一片幽僻寂寞之地，漠不关心的姿态与分散研究的现状，使已有的成绩略显单薄，有关涉的内容主要有刑法从属性与独立性、违法一元论与违法多元论。

苦心经营刑民关系论题的除了法律学人，还有政治学家、哲学家、经济学家和社会学家。他们站在法外，从政治、哲学、经济、社会学等角度，审视、分析和研究刑民规范与理论，形成了许多研究中的亮点。学科研究的多样性让人眼花缭乱，却也为认识事物的本质提供了更多的渠道和素材。这些角度和方法能够带给我们对相关问题思考的新体验，总体看来，刑民关系的法科外研究可以分为两种思路。

第一种是着眼于法律与政治的紧密程度，从权利与权力的分立入手，以政治框架或社会构建的合理化为论证目标。亚里士多德曾就法律——政治思路指出："我们应将立法问题与一般的政体问题紧密地结合起来一起研究，以便尽可能完成我们对人类行为的哲学研究。"❶ 这是由于法律与政治之间有"剪不断、理还乱"的相互纠缠关系，"正如法理学的理论研究与政治理论总是紧密联系的一样，实践性更强的法律规则与现实的政治总是密切相关的。法律规则是由政治家和政治组织为实现某种政治理论、政治信念和政治目的而制定或废除的。许多法律制度对政治方针，亦即政治的政策产生影响，现实政治在某种程度上也受到在法律上是可能的或允许的因素的影响和控制，受到法定程序、方法和阶段的影响和控制……公共管理的整个领域都充满着法律需要与政治需要、法律手段与政治手段、法律作用与政治作用的交互影响"。这种关系既给政治学家和社会学家们提供了关注法学的契机，也导致了他们对法学不同部门法的态度反差。资产阶级革命后，保障权利、限制权力的理念深入，以构建权利大厦为基本内容的民法自然被视为发展人权、积极制约权力的功臣，甚至肩负了象征历史进步的标签，"文明发达的国家多民法规范而落后野蛮的国家多刑法规范"。而刑法在人类社会的发展中，已经习惯被视为具有浓厚的政治功能，尤其是刑罚作为"社会对付违犯它的生存条件（不管这是些什么样的条件）的行为的一种自卫手段"❷，是一种"不得已的恶"，历来为追求自

❶ 转引自：《西方法哲学史纲》，中国政法大学出版社1993年版，第36页。
❷ 《马克思恩格斯全集》第8卷，第579页。

由、正义、人道、文明的人士爱恨交加。刑法似乎成了窜行于政治与法律之间善恶难辨的怪兽，在法治雷鸣般地到来后，“罪刑法定原则”的降临始成为刑法运行的“紧箍咒”。综上可见，民法的成长自始至终就渗透着权利的确认和发展，以更好地促进市民社会建设；现代刑法则通过设定规范，为刑罚权划定行使的轨道。政治这一“管理众人之事”的学科，就将政治学家的视线引至国家和社会利益的磁场内，所以不可避免地关注作为公权力“卫道士”的刑法，关注刑法的独立性；而社会学家更多关注社会整体中社会关系和社会行为各要素的良性互动，贯穿其中的市民权利与政治权力是达致目标的必经之道，在权力已经天然强大的背景下，他们对民商法更为关心，对权利的自由平等、诚实信用更为关心，对刑法相对民法而言的补充性更为关心。

第二种是着眼于经济学对法律的极大启示，从分析纠纷解决的便利性与成本比较为切入点分析刑民关系。“再好的法学思想、再完美的制度设计，如果没有运用一定的方法去展示和解构，其最终的命运就只能是一无所获。”❶ 经济分析就是众多方法中的一种，并且赢得了法律人士的青睐，是法学者应具备的基本素养和学习方法。正如博登海默所言，如果“未接受经济学方面的训练，那么他就无法认识到法律问题同经济问题之间的紧密联系，而这种关系在许多法律领域中都存在着”。❷ 经济分析方法还是法学学科科学性的论证渠道。“你研究的问题，如果不能用数学来表示，那么你的认识是不够的，不能令人满意的，在你的思想上，还没有上升到科学阶段。”❸ 在经济学家的眼中，法律适用仍处于经济理念的评判体系中，刑法与民法提供的责任追究方式在多大程度上具有经济性，或者说，哪种方式更能提供从社会角度讲更有效的激励，就决定了案件或刑或民的法律性质。张维迎教授从激励效应的角度对刑法与民法对权利保护的功能分

---

❶ 张光宇：《边缘刑法学》，中国人民公安大学出版社 2008 年版，第 141 页。

❷ ［美］博登海默：《法理学——法哲学及其方法》，中国政法大学出版社 1999 年版，第 491 页。

❸ 苏慧渔：《量刑方法研究专论》，复旦大学出版社 1991 年版，第 24 页。

担、刑事与民事的界限划定了三个标准：“第一个标准是‘外部性标准’（externality test）……给定其他因素相同的情况下，如果一种侵权行为伤害的只是一个人或少数几个人，并且受害人有足够的手段和激励阻止这种行为的发生（包括向法院提出诉讼），从而使得民法上的赔偿责任足以提供恰当的激励，这种行为就应该属于民法管辖；反之，如果一种侵权行为伤害的是许多人，给社会带来的总体外部损害很大，但由于集体选择存在的‘搭便车’问题，单个受害人没有足够的积极性和手段阻止这种行为的发生（包括没有积极性向法院提出民事诉讼），从而民法上的赔偿责任不足以内部化行为的大部分外部性，这种侵权行为就应该属于刑法管辖……区分刑法与民法管辖范围的第二个标准是可信性标准（credibility test）……法律规定的责任规则和惩罚措施是一种承诺，如果这种承诺本身不具可信性（即事后不可能得到执行），法律就不可能诱导人们选择社会所希望的行为。有些行为的外部性本身只涉及单个人或少数人，但如果任由当事人自己解决问题或只求助于民法的责任规则解决，惩罚是不可信的……民事责任不可信的第二种情况是侵权行为未完成的情况……未遂作案行为受不到惩罚，小偷就会更加肆无忌惮，更多的居民将生活在不安全的阴影中。因此，对这类行为实施刑事惩罚是更有效的激励……不可信的第三种情况与加害人的责任能力有关。如果一种行为可能导致非常严重的后果，在这种后果发生的情况下，加害人并没有能力承担相应的责任，那么，民法规定的责任就是不可信的。预期到自己不会真正承担责任，当事人就不会选择社会最优的行动。此时，社会最优的选择是通过刑法禁止这种行为的发生，而不是事后由受害人再提出民事诉讼。区分刑法与民法管辖范围的第三个标准是恶性报复标准（retaliation test）。在有些情况下，如果允许受害人私自对加害人实施惩罚，会导致施害一方的反报复行为，结果导致无休止的连环报复，从社会的角度看，这种连环报复是没有效率的……这里，政府的介入等于免除了受害一方的责任，由政府代替受害人‘复仇’，一方面保证了加害人受到应有的惩罚；另一方面又使得施害方没有了反报复的理由……。”[1]

相关学科的研究动态会深刻地触动法学的细胞，其中某些节点的抉择方案关系到法学导向何方，一定意义上也关系到我们的社会导向何方。因此，严肃的法学者们深入到刑法与民法的组成细胞中，试图从内部寻得支点撬动刑法与民法关系的大厦。例如，在部门法视阈中，私法上权利的得失与变更已经受到民法上完整、系统的法网覆盖，并形成了法秩序，犯罪这种严重的侵权行为则破坏了这种秩序。从一定意义上来讲，犯罪行为肯定属于民法中的侵权行为，但是民法中的侵权行为未必构成刑事上的犯罪。民法中的合法权益会受到刑法的保护，那么，民法中的不法利益还会受到刑法的保护吗？这就需要考虑刑民关系。不得不说，法学者们对刑法与民法之间关系的研究已经令人瞩目。

一、国外对刑民关系的研究状况

从形式上看，两大法系国家在法律领域内确实存在诸多不同，并有各自独特性的规定，但刑民关系却是各国各时代的法学者们共同探讨的一个客观存在的问题。

自刑法与民法关系作为一个论题被提出，学者们在肯定二者间存在区别的同时，亦认可这种区别的相对性。其一，经过历史性考察后发现，这种相对性首先在古代法中就表露无遗，自法律本身产生之日起就已经流淌在其发展中了。英国学者梅因（Henry Sumner），通过对古代法典和相关史料仔细考证后提出，“古代社会的刑法不是‘犯罪法’；这是‘不法行为法’，或用英国的术语，就是‘侵权行为法’。……在原始法律学中，‘侵权行为’被广泛地扩大了。必须说明，原始法律学也涉及‘罪过’”。[2] 其二，这种相对性还体现在刑民区分的地域性和历史性特征上。“在不同的

---

[1] 张维迎：《信息、信任与法律》，生活·读书·新知三联书店2006年版，第132~136页。
[2] ［英］梅因：《古代法》，沈景一译，商务印书馆1959年版，第208~209页。

国家，民事不法与刑事不法的界限是完全相异的，在大多数的原始国家，刑法的范围是相当窄小的，并且……它的范围通常随着社会的进步而扩大。”❶ 其三，从法律规范的内容上来说，刑法与民法的区别框架大体明确，但也有“暗流涌动”，带来区别的相对性。“民法典并非由每项本身完整无缺并且剔净所有刑法内容的民法汇集而成。刑法典亦非（因为我们已经看到它不可能）由每项不仅本身完整无缺而且剔净所有民法内容的惩罚性法律汇集而成。”“民法典将主要由纯粹的说明性内容构成。这些说明性内容各自所属的命令性内容，在这同一部法典即民法典中是找不到的，在一种摆脱了所有惩罚性法律混合物的纯净状态中也找不到，而是见于刑法典，见于一种合成状态，以前面说明过的方式包含在同样多的相应的惩罚性法律之中。因而，刑法典将主要由惩罚性法律构成，包括全部民法的命令性内容。此外，大概还会见到不属于民法而属于惩罚性法律的各种说明性内容。”❷

在审视刑法与民法关系的关系中，大陆法系国家刑法理论上历来就有刑法从属性与刑法独立性、违法一元论与违法二元论之争，实际上对牵涉其中的刑法与民法关系作了体系性解读。

（一）刑法从属性与刑法独立性

在现代法律体系中，刑法是独立的法律部门，这似乎是一个当然的事实，但在早期的理论上，私法领域是关注的焦点和主轴，公法处于学者回避的区域，仅有的研究也多围绕对民法的近距离接触。有关刑法地位的讨论一直围绕刑法具有从属性、刑法从属于民法。也就是说，刑法不是一个独立的法律部门，刑法只有依附于行政法、民法等其他部门法，并作为其他部门法的补充才可能存在。❸

---

❶ J. Austin，Lectures on jurisprudence，p. 417.

❷ ［英］吉米·边沁：《道德与立法原理导论》，时殷弘译，商务印书馆2000年版，第375～376页。

❸ ［意］杜里奥·帕多瓦尼：《意大利刑法学原理》，陈忠林译，中国人民大学出版社2004年版，第3～4页。

启蒙时期的自然法学家霍布斯、卢梭等认为刑法不是一个独立的法律部门。德国刑事古典学派代表人物宾丁（Binding）倡导刑法的从属性，而且是刑法的极端从属性。宾丁指出，“所有的保护法都是从属性的法”。对刑法作为保护法地位的理解，只有通过分析规范来得到。“法益与权利——虽然是为了保护法益与权利而制定规范与刑法的——分散于所有的法领域。所有的这些法益与权利为犯罪概念的形成作出了贡献，属于民法、国家法、诉讼法中的所有的犯罪构成要件要素，成为连结刑法与这些法的桥梁。不能孤立地考虑刑法，应当将刑法视为与其他法律密切协同的、所有实定法体系的一部分。”他还通过对财产犯罪中相关问题的分析加以证明，“财产权何时受侵害，不应当由作为保护法的刑法来决定，而应当由财产法来决定。离开了民法、公法对财产权、债权的规定，刑法对财产权、债权便一无所知。因此，认定是否对这种权利产生了侵害时，刑法完全从属于财产法。刑法对财产法特别是民法的从属性，并不因为帝国法院的权威而有丝毫减少”。希施贝格尔（Hischberg）在论及侵犯财产罪的客体时曾指出，宾丁所主张的刑法对民法的极端从属性的观点并不妥当；诚然，所有的利益都要由刑法与民法承认，特别是作为其最高阶段的权利要得到认可，民法就是随着私权的增加而发展的，但刑法为了保护这种利益，并不需要提升到这样高的要求；私权是民法所承认的最高的形态，但不是其唯一形态，民法上的承认不是刑法保护的前提。没有形成为民法上的权利的事实上的利益，也是财产犯罪的保护法益。[1] 帕多瓦尼还从三个方面论证了“刑法的从属性”：一是从内容上看，刑法没有自己独立调整的对象，因为每一个被刑法规范禁止的行为，实际上都是首先已为其他部门法所禁止的行为；二是从形式上看，刑法没有自己独立的禁止性规范，刑法规范中只有制裁这一部分才真正属于刑法的内容；三是从功能上看，刑法实际上只具有用刑事制裁来增强其他法律禁止性命令威慑力的作用。

---

[1] Vgl. Hirschberg, Der Vermogensbegriff Stefrecht, 1934, s. 326f. 转引自张明楷：《法益初论》，中国政法大学出版社 2000 年版，第 543 页。

所以，刑法只有依附于行政法、民法等其他部门法，并作为其他部门法的补充才可能存在。

20世纪初，私法的发展在已经历工业革命的社会中面临各种窘态，继续坚持刑法的从属性、依附性会将刑法拖入发展的束缚中。于是法学家们开始想方设法摆脱民法的羁绊，具体体现在学界开始尝试批判刑法的从属性，进而强调刑法的独立性。希佩尔（Hippel）就是较早公开支持刑法独立性的学者。他认为，"刑法具有从属的、补充的、二次的、副次的、制裁的性质"，只可以在两种场合认可这种说法："在只有当行为违反法律才能介入刑罚的意义上"与"在采取其他法律制裁就完全够了的场合便不应当适用刑罚的意义上"。否则，"超出上述范围，认为刑法仅仅是补充其他法秩序的法律，因而相对于其他法律具有从属的性质，则是不正确的"。这是由于，"从历史上看，刑法并不是在其他法秩序之后才出现的，在一切民族中，刑法是最基本的、最重要的法的原初形态。从解释学上看，法秩序的所有部分都是相互补充的，故不存在从属关系。诚然，刑法的某些规定以其他法律的规定为前提，仅仅在此意义上，刑法具有二次的性质。……但反过来，基于民法上的不法行为的损害赔偿义务中，犯罪行为这种不法行为也是其前提……总之，刑法与其他诸多法律相并列，是基本的、重要的、独立的法秩序"。[1] 希佩尔这一观点得到了麦兹格尔（Mezger）、布恩斯（Buens）等人的赞同。布恩斯提倡刑法独立性的代表性作品为《刑法从民法思想中解放出来》一书，这种独立性的论据之一表现于法制史中刑法的重要性：不管是在哪一个民族中，刑法的地位都可以堪称最重要、最根本，且在出现的历史上与其他法规范相比较早或至少并未较晚，将刑法视为从属于民法的观点不具有合理性。论据之二是从回答同一概念在刑法与民法中的含义是否必须一致而展开的，并在进行一番理论和判例分析后，证明了刑法的独立性。布恩斯指出，当时的学说已经先验地认为

[1] Vgl. Hippel, Die Untreue im Zusammenhang der Vermogensverbrechen, 1926, s. 116f. 转引自张明楷：《法益初论》，中国政法大学出版社2000年版，第551～552页。

法秩序统一于民法，“法的世界就是民法秩序，其他方面只是单纯的事实的世界，故法律家不要介入，也没有必要关心”。故得出刑法相比之下处于从属性、副次地位。与之相对应的，司法判例已经在实践中依据刑法自身的目的与使命，独立地进行刑法上名词的解释。[1]

（二）违法一元论与违法二元论

违法这一概念范畴并非单独归属于刑法之中，反而是普遍存在于以宪法为顶点的国家法律体系中。那么判断某个行为是否违法，是从国家法律体系构建的整体法秩序、从刑法上刑罚法规确定的范围进行考察。详言之，其一，在大陆法系刑法中符合构成要件的行为，如果是民法、行政法上被允许的，那能否认定刑法上的正当性；其二，在大陆法系刑法中符合构成要件的行为，如果是民法、行政法上被禁止的，那能否也直接认定刑法上的违法性。从对这两个问题的不同回答延伸开，就形成了违法一元论与违法多元论。前者在全体法秩序违法意义上使用“违法”，后者则坚持在民事违法、刑事违法意义上使用。对于此二者之间的辩争至今尚不能分辨优劣，也未能形成各国均认可的主流观点。

在大陆法系的德国，严格的违法一元论（违法统一论）属于主流理论。这种观点的立论基础是认为，国家内部以宪法为阶层的法规范形成法秩序体系，则组成该统一法秩序的宪法、民法、刑法、行政法等各个规范之间不能存在矛盾和冲突，即法秩序具有统一性。[2]“整体法秩序宛如一条帆船，民法这一部分破了也好，刑法这一部分破了也好，都会使整个帆船破裂。”[3] 因此应该说，任何违法行为都将破坏整体法秩序，而违法是对整体法规范、整体法秩序的违反。根据这种观点，在是否合法的价值判断上，各种不同的法律对社会生活中的行为评判后得出的结论是一致的，如

---

[1] Vgl. Bruns, Die Befreung des Strafrechts von Zivilistisehen Denken, 1938, s. 45f. 转引自张明楷：《法益初论》，中国政法大学出版社2000年版，第553～554页。

[2] ［日］曾根威彦：《刑法学基础》，黎宏译，法律出版社2005年版，第213页。

[3] 张明楷：《外国刑法纲要》，清华大学出版社2008年版，第149页。

此，方能发挥法规范的规范功能，实现整体法秩序的构建。违反民法或其他法律的行为，也必定违反刑法；反之，在民法上被评价为违法的行为，在刑法上也必定是违法的。否则，便会使社会大众茫然、一无所错。所谓严格的违法一元论，指的是一个行为一旦在某个法领域被评价为违法，则绝对不可能在其他法领域被认定为合法。由此推论，在民法或其他法律上的违法行为，只要符合刑法上的构成要件，则必然在刑法上是违法的。与这种观点相对立的是缓和违法一元论，即违法性虽然在本质上、在法秩序的整体中是一致的，但是违法存在不同的类别与程度。民法上的违法行为，在刑法上不认为是适法行为，没有达到刑法上的违法程度。

但是，严格的违法一元论或违法一元论并没有一统天下，在日本，违法相对性论即违法多元论是大多数学者认同的学说。这种观点在肯定法秩序统一性的前提下，承认规范的评价效果之间存在矛盾，但是这种矛盾只要是基于法律固有的目的，并能够在法秩序的必要范围内消除就可以了，没有必要将其绝对排除。例如，在民法上被评价为不法的行为，其直接的法律效果是以救济被害人损失为目的的损害赔偿，而刑法的目的是为保护法益和维护社会生活的安全，所以刑法上不法性的法律后果是惩罚程度最高的刑罚。换句话说，在民法领域中，违法性的存在与否是从损害赔偿责任的角度展开探讨的，在刑法领域，违法性的存在与否则以值得科处刑罚作为前提的。[1] 这也就意味着，违法性的内容在不同的法律领域应当存在不同；与统一法秩序内其他法领域的违法性相比，刑法上的违法性是最重的，并形成其自身的规定性。例如，在刑法领域内被评价为违法的行为，在民法及其他法领域内一定是违法的，但是在民法或其他法领域被评价为违法的行为，并不当然就是刑法上的违法行为。

分析这两种观点后可以发现，严格的违法一元论坚持形式论的立场，主张从整体法秩序出发，认为违法具有绝对性和统一性，刑法不得对违法

[1] 彭泽君：《日本刑法中的可罚的违法性理论及其对我国的借鉴》，载《法学评论》2005年第6期。

进行独立、具体的判断，否定刑法上的违法性，继而将民法上的违法置于引领法秩序的地位，而使得刑法判断表现出对民法的从属性。违法多元论则将法的目的论作为判断基础，强调违法性的评价体系必须考虑不同法领域中目的及法律效果的差异性。因此，刑法上的违法性需要考虑刑罚这一法律效果后作出独立判定。显然，刑法的独立性得到了彰显。缓和的违法一元论无疑是随着严格的违法一元论和违法多元论的相互让步而出现的，是试图折衷二者激烈冲突的努力。

需要说明的是，在这里我们用大量的篇幅对西方的研究状况作了比较详尽的阐释，并不是意味着笔者想要盲目推从西方的理论研究与价值判断，而只是认为通过这种学习方能引起冷静的思考。“即使在今天，尽管社会科学作为一种活动在全球传播开来，但是绝大部分社会科学家依然是欧洲人。在欧洲支配整个世界体制的历史过程中，社会科学作为对欧洲问题的回应应运而生。而社会科学对其主题的选择，它的理论的形成，它的方法论、认识论，都不可避免地反映出使它产生出来的这个大熔炉的种种制约。”“我们必须完全承认欧洲对于重造世界的特殊性，因为只有这样，我们才有可能超越它，并且才有希望获得一种关于人类前景的可能性的更为广泛的普遍性的视野，这种视野绝不回避我们在同时追求真与善的过程中会遇到的任何棘手而复杂的难题。”❶

二、我国对刑民实体法关系的研究状况

近代以来，资产阶级革命带来的自由、人权、平等的思想在全球范围内蔓延开来，传统中国也直接受到这些启蒙思想的浸润，并渐次融入社会制度和国民教育。在这种背景下，清朝末年出现刑法与民法的分立，尽管当时清朝政权已岌岌可危，但强大的统治根基以及政治理念仍未清除，公域与私域的划分无从谈起，再加上伴随着政权的变动，清末颁布的刑事和

❶ 沃勒斯坦：《进退两难的社会科学》，转引自《读书》1998 年第 2、3 期。

民事法律要么胎死腹中，要么还未等到总结经验教训即已在动荡中停止实施。因此，可以推定在建国以前的较长历史时期内，现代法治秩序难以扎根，刑法与民法之间的关系更难以受到关注，加之历史资料的匮乏，对彼时前辈的刑民关系论题资料进行阐述实在是超出笔者的能力范围。

新中国成立以后，经过一段特殊的社会时期后，法制建设在社会制度中的重要性才被真正认识，一系列法律得以制定和正式通过。第五届全国人民代表大会第二次会议于1979年7月1日通过《中华人民共和国刑法》（1980年1月1日起施行），第六届全国人民代表大会第四次会议于1986年4月12日通过《中华人民共和国民法通则》（1987年1月1日起施行）。随着市场经济的发展，社会关系日益复杂化，但真正研究起来，会发现学者的观点惊人的少，究其原因是，这“诸多”的观点多为在某一具体法律制度语境下的引申探讨，即不是过往云烟，也有难觅踪影之嫌，这种分散使得已知的研究显得比实际存在的内容少得多。比如，从“中国知网”上搜集到的集中研究刑民关系的期刊论文主要有6篇期刊论文、3篇博士论文、2篇报刊文章，分别为：游伟的《刑民关系与我国的刑事法实践》，载《华东刑事司法评论》第8卷（2006年6月）；杨锦芳与李丽辉的《刑法谦抑性语境下的刑民分界》，载《云南科技管理》2009年第2期；王炜的《从刑民关系的视角看存单犯罪行为如何定性》，载《金融法苑》2009年第1期；杨锦芳的《刑民分界探析》，载《昆明理工大学学报（社会科学版）》2009年第9期；童春容与徐伟的《刑民界限之博弈视角下的刑事和解》，载《广西社会科学》2012年第11期；张光宇的《刑民界说的价值分析》，载《福建警察学院学报》2010年6期；朱铁军的《刑民实体关系论》（华东政法大学2009年博士论文）；刘凤科的《刑法在现代法律体系中的地位与特征：以民法为参照》（清华大学2005年博士论文）；于改之的《刑民分界论》（武汉大学2006年博士论文）；张明楷的《实体上的刑民关系》，载《人民法院报》2006年5月17日。学术著作有：陈灿平的《刑民实体法关系初探》（法律出版社2009年版）。除了这些以“刑民关系”作为专门研究对象的“专著”以外，那些“含沙射影”地给刑民关系论题增加研究厚度的还有：刘建国等所著《刑事诉讼中的刑民交错现象及其法律规制》，载《中国检察》第6卷；童可兴的《刑事诉讼中的刑民交错现象及其司法认定》，载《中国检察》第6卷；赵逞的《利民交叉的存单纠纷案件之定性与审理》，载《法律适用》2002年第2期；江苏高院民二庭的《涉及经济犯罪的民事案件疑难法律问题研究》，载《人民司法》2005年第5期；赵合理的《刑民互涉案件中经济犯罪的处理结果对民商事法律关系的影响》，载《人民司法》2005年第9期；于改之、吴玉萍的《刑、民冲突的的法律适用》，载《法律适用》2005年第10期等。

可见，国内有关刑民关系的研究成果在2000年后才开始出现，在此之前，刑民关系问题基本上在学界处于隐身状态，而且，传统上的关注也多集中于刑法与民法之间的差异及二者的界限问题，如刑法与民法各自具有的独特性质、具体的刑事不法与民事不法之间的区别、刑事法律上犯罪认定与民事法律上侵权认定的差异、相同的法律概念如占有在刑法与民法上的不同含义及认定等。伴随着实践中刑民交叉案件的大量出现，大规模的研究更多地将主题围绕在刑民交叉案件，并在刑民关系的边缘顺便停留下。在这种研究路径中，不得不说真知灼见遍在，但是却具有局限性，因为这是一种局部的、零星的研究，缺乏全面的视角和深入的体系性。特别需要提及的是，在这场刑民关系的研究讨论中，民法与刑法坚守各自的牢固立场和阵营，不仅存在视线上聚焦点的差异，而且还表现出也大不相同的态度与积极性。

（一）“傲慢与偏见”：民法视野中的刑民关系

在民法学的传统理论中，刑法的存在仅限于“公法与私法”的理论介绍中，重点放在以公法与私法的区分为切入点，来详细论述二者之间的差异。民法是调整平等主体之间人身关系和财产关系的基本法律，毫无疑问地得出民法属于私法，而刑法作为同一层面的部门法，不可争议地归于公法之列，从而就间接介绍了刑法与民法之间的区别。如有稍微更多的提及，则会涉及二者依据法律功能的不同而具有各自的独特规定性、分属于不同的类型：调整型法律和保护型法律。调整型法律是通过在法律规范中设定“权利—义务”的行为模式，对人的行为进行积极正面引导而不需要使用法律制裁，主体权利就能够正常实现的实体法。在这种实体法律关系中，主体实施合法行为是最基本的模式，是法的实现的正常形式。民法就属于这种直接调整现实社会生活关系的实体法。相比之下，刑法则属于保护型法律，它是建立在主体的权利与义务不能正常实现的情况下，通过法律制裁、禁止人的违法行为，从而维持调整性法律关系中各主体原本的权利义务关系。而且，刑法属于最典型的保护型法律，这种法律形成的法律关系中，双方主体分为国家和犯罪行为实施者，国家以最严厉的刑罚权来作为对付实施犯罪行为者的手段，而行为人不得不承担由于实施犯罪后所招致的、可能丧失自由甚至生命的刑事责任。这种内容介绍方式几乎已经成为一种模板，几乎所有民法教科书中都千篇一律地使用这种标题和内容。因此可以说，民法视角中的刑民关系往往属于浅尝辄止的类型。

或许这也是全球范围内大部分法治国家均存在的现象，美国法学家梅利曼教授这样说过：“一般来说，私法教师并不讲授或研究私法中涉及的公法问题。例如，他虽然讲授财产法，但不涉及财产税、城市土地使用管理或者财产权的宪法保护等问题，这些都属于公法范畴，应当留给公法学专家去讲授和研究。”[1] 大陆法系国家的民法学界也孕育和彰显着这样的思想。德国著名法学家耶林曾说过，“不是公法而是私法，才是各民族政治教育的真正学校”，“对民法的研究是对其他部门法研究的前提，民法是大陆法系法学家的思想发源地”。[2] 民法知识和研究中有意或无意的骄傲散落其间。正因为如此，刑民关系这一研究课题也就变成了刑法学的“独角戏”，民法学者们的兴趣在别处，难以在此停留。

在我国，民法的“傲慢”气氛弥漫于法学研究中，尤其是伴随着市场经济体制的建立和发展，“表明和记载经济关系的要求”的法律上层建筑

---

[1] ［美］约翰·亨利·梅利曼：《大陆法系》，顾培东、禄正平译，法律出版社2004年版，第103页。

[2] 同上，第72页。

也必然要为此服务，而民法又被视为“市场经济健康运行不可缺少的两种法律保障机制”。[1] 尤其是在市场经济日益蓬勃的发展环境中，法律体系中民法的作用和功能的发挥日益充分，其重要性不言而喻。此时的理论界对民法地位的评价更加膨胀，甚至出现了诸如强调民法“是市场经济的根本大法”，尤其在我国的体制下“应当具有更加优越的地位”、“应居于核心地位”，并提出了“民法至上”、“民法帝国主义”等诸多标榜民法功能和重要地位的观点。这些观点中比较典型的如：台湾地区著名民法学者史尚宽先生曾直言：“民法乃众法之基，欲知私法者故勿待论，欲知公法者对其也应有一定的了解，而后可得其真谛。”[2] 早在 20 世纪 80 年代末，大陆地区法理学家张文显教授从民法的发展孕育法治中必不可少的要素和精神的角度强调了民法的重要作用，他明确指出，“以商品经济为内容的民法是法治的真正法律基础，民法中的人权、所有权和平等权是现代公民权利的原型，民法最充分地体现了法治的价值，民法传统中的权利神圣和契约自由精神，构成了人权保障、有限政府、分权制衡、以法治国等法治原则的文化源泉。宪法则是以根本大法的形式对民法原则的确认、移植、转化或升华。法治的历史充分说明，没有民法和民法传统的社会，要实行宪政和法治是极其困难的，甚至是不可能的”。[3] 也有民法学者从民法与刑法等其他法律的“本法—保护法”关系出发加以论述，学者黄风在《罗马法教科书》译后记中认为，从一定意义上讲，民法（罗马法恰恰为它奠定了基础）是一切部门法的基础，其他部门法可以说都是从不同侧面对民事法律关系和基本原则的保护、充实和发展，或者为它们的完满实现创造必要的法制条件和环境。[4] 刑法认定某些行为为犯罪，行政法进行一定的行政管理，它们的出发点和最终目的都是来源于对民法上确认的权利——人身权

---

[1] 漆多俊：《经济法基础理论》，武汉大学出版社 2004 年版，第 115、129 页。

[2] 史尚宽：《债法总论》，中国政法大学出版社 2000 年版，第 5 页。

[3] 转引自申卫星：《被误读的中国民法和梦想中的中国民法典》，http：//www. gmw. cn/content/2006 - 07/25/content_ 454882. htm，访问日期：2013 - 06 - 30.

[4] ［意］彼德罗 · 彭梵得：《罗马法教科书》，黄风译，中国政法大学出版社 1992 年版，第 570 页。

和财产权进行保护的需要。如果没有民法，其他部门法将失去其存在的前提。[1]

伴随着物权法制定过程中发生的争论，民法与宪法的关系问题被提升为一个一般性的论题，从而具有了全新的理论内涵。[2] 学者薛军以动态发展的维度，从考察欧洲近现代民法的发展轨迹入手，认为如果将“欧洲国家从19世纪以来民法与宪法关系的发展和演变看作是发生在宪法与私人自治之间，围绕控制与反控制，管制与去管制（de-regulation）的一场博弈，那么最近一段时期，欧洲国家民法的发展，至少在部分领域，依托于全球化了的市场力量，正在重新取得相对于宪法的强势地位”。[3] 徐国栋教授也曾从国家与市民社会的分立的观点出发，提出：民法所调整的市民社会，为社会整体的二分之一（另一半为政治国家），因此民法是与宪法相并列的存在，高于其他部门法，为根本法之一。[4] 刑法本就为民法的保障法、二次法，在这种讨论语境下，民法必然更加取得高于刑法的地位，刑法则难以与民法处于同一位阶，“民法帝国主义”的逻辑和统治可见一斑。也可以说这是“在一个自古以来就缺乏民法观念的国度，出于对公权力随意入侵私权利领域的恐惧，民法学者急欲扩张民法边界的进路”。[5]

（二）刑法视野中的刑民关系

刑法自从被视为一个独立的法律部门，面临的首要问题是发展出具有自身独特性的法律范畴，以取得区别于其他法律的内在规定性。换句话说，刑法在法律体系中立足的初期，也是以关心本领域内的问题为研究的重点和核心点，只是在这种研究的过程中，刑法自身的谦抑性决定了与其

---

[1] 申卫星：《中国民法典的品性》，载《法学研究》2006年第3期。

[2] 夏正林整理：《“民法学与宪法学学术对话”纪要》，载《法学》2006年第6期。

[3] 薛军：《“民法—宪法”关系的演变与民法的转型——以欧洲近现代民法的发展轨迹为中心》，载《中国法学》2010年第1期。

[4] 徐国栋：《市民社会与市民法——民法的调整对象研究》，载《厦门大学法律评论》1994年第4期。

[5] 朱铁军：《刑民实体关系论》，上海人民出版社2012年版，第40页。

他部门法如民法的关系必将成为研究中的热点与重点。从前述已有研究成果的统计中也可以看出，学者对刑法与其他法律规范如民法关系的探讨大都是在“刑法的谦抑性”理念指导下展开的。与其他法律特征如规制对象的特殊性、国家强制的严厉性等相比，“刑法谦抑性”这一性质，并不是刑法一经创制就为人们所认识，相反，在某些历史环境中，刑法起初并不具有这一性质，而只是随着社会的发展和法律体系的完善、刑法自身缺陷的暴露以及经济态势对理性人、理性社会的浸染，而新被赋予或彰显出来的。正是这个原因直接影响了刑法与民法关系难以在研究伊始即进入研究者的视线。

具体谈及刑法与民法关系的内容时，大部分学者都同意刑法是二次规范，是保障法、具有补充性，当然这种性质是在一定范围内成立的，并不会因此而丧失刑法本身的独立性。“刑法在根本上与其说是一种特别的法律，还不如说是其他一切法律的支持。”[1] 所谓刑法是二次规范，强调的是民法规范首先设定各种权利义务以及部分民事制裁，刑法规范则以此种民事规范的存在为前提，当面对纷争，首当其冲的解决方式是民事、行政的法律规范，而刑法只是起到二次性、补充性的作用。在法律至高无上且无所不在的社会，法已经渗透到社会、经济生活的方方面面，交织成以宪法为顶点、各部门法分列其下、多层次的有机组织体。每一部门法都在特定范围内稳定地调整社会关系，共同维护着社会秩序的稳定和社会整体的发展。但是刑法并不同于一般的部门法，与其他法律之间并不是机械地分担不同调整对象的关系，而是“普遍实施与最后保障的关系”[2]。针对一般的违法行为，民事制裁、行政制裁等制裁手段的内容和严厉性就足以与之相抗衡，形成遏制，并使得受伤害的利益得以恢复平衡。因此，只有当违法行为已经超越了其他法律，其他的法律制裁手段不足以制止该违法行为，不足以保护某种社会关系、匡扶社会正义时，才有必要考虑需不需要将这

---

[1] 卢梭：《社会契约论》，张友谊译，外文出版社 1998 年版，第 49 页。

[2] 张明楷：《刑法在法律关系中的地位》，载《法学研究》1994 年第 6 期，第 55 页。

种行为规定为犯罪并动用刑罚。这种性质是由刑罚本身的严厉性以及刑罚适用的正义直接决定的。惩罚是同人类天性禀赋不相容的一种不得已的痛苦行为，它的实施是由人类中占统治地位的腐败和无知所暂时强加给我们的，最荒谬的莫过于把惩罚看成是进步的源泉，它对于培养优良品质的贡献正同赛马场看守人对竞赛速度的贡献一样。除非在千钧一发的关头，再也没有什么事情比乞灵于惩罚更为非正义的了。真正的政治家将会竭力把强制限制在最小的范围之内并且不断寻求减少使用它的机会，而不是增加强制的机会并且把它当作挽救一切道德败坏的药方。在一切情况下，可以得到认可的为之辩解的理由只有一个，那就是放过罪犯会对公共安宁造成十分明显的危害。“同其他社会规范一样，法律规范也是选择的产物，它们也受到由其所在社会的基本前提原理（即价值观——原引者注）所衍生出的主要原则的一致性的检验。并非任何社会制度的一切基本的前提原理都与法的问题有关，因为几乎没有一种法律制度试图去调整社会生活的各个方面。”[1] 惩罚的正义性是建立在这样一个简单的原则之上的：所有人都有责任采取能够想到的各种手段来防止有害于社会安宁的罪恶，但必须首先根据经验或推理，确定一切比较温和的办法都不足以应付这种紧急事态。[2]

我国刑法学者中较早、较系统、较具体对刑法与民法实体关系进行研究的，当推张明楷教授。早在20世纪90年代初期，他就撰文《刑法在法律体系中的地位——兼论刑法的补充性与法律体系的概念》，文中在谈及刑法在法律体系中的地位的同时，还对刑法的补充性、保障法等作了展开论述，在实质上论证了刑民关系。分析刑法与其他部门法的一般性区别时，就可以得出刑法具有补充性，这个结论是无需置疑的，但是，绝对不能因此而否认刑法学科的独立性，至少有一点不同于其他部门法，刑法是

[1] E·A·霍贝尔：《初民的法律》，转引自蔡道通《刑法谦抑论》，载陈兴良主编：《刑事法评论》第3卷，第337页。

[2] ［英］威廉·葛德文：《政治正义论》（全两册），何慕李译，商务印书馆1980年版，第560页。

以犯罪和刑事责任为基本内容的。刑法在法律体系中具有补充性而处于保障法的地位。之后张明楷教授又在2006年5月《人民法院报》撰文《实体上的刑民关系》，既详细地阐述了刑法与民法的四个区别，又总结了刑法与民法实体关系的三个结论。

具体来说，区别有四：其一，立法目的的差异决定了责任形式上的区别：民法旨在解决民事主体之间的纠纷，对私权利进行救济，因而民事责任主要是赔偿责任。刑法是制裁犯罪行为的法律，旨在预防和抑制犯罪，故刑事责任是惩罚的承担，而不是损失的赔偿。其二，在调整对象是否具有特定性上不同：民商法所调整的社会关系具有特定性，如民法仅调整和保护财产关系以及部分与财产有关的人身关系。但刑法并没有特定的调整对象，相反，刑法保护人身的、经济的、财产的、婚姻家庭的、社会秩序等诸多方面的社会关系。其三，在设立新义务上具有不同的态度：民商法等法律都会为法律关系的主体创立新的义务，刑法则基本上不创立新的义务，只是对在民商法等法律领域中已经确立的规则给予更为有力的认可或制裁。其四，由于刑法规定的刑罚具有明显的副作用，所以，只有当民商法等法律不能充分保护某种合法权益时，才由刑法保护。于是，刑法具有补充性，而民法、商法并不具有补充性。总之，民商法等法律保护的合法权益，刑法也会保护，故刑法与民商法等法律彼此配合、相互衔接，只是保护方式与效果不完全相同。另外，刑民实体法关系中有三个结论：第一，违反民商法等法律的行为，完全可能（并不当然）违反刑法进而构成犯罪。第二，由于刑法是民商法等法律的保障法，所以，在民商法等法律上完全合法的行为，不可能构成刑法上的犯罪。但是，由于刑法与民商法等法律的性质与目的不同，对于刑法上的概念，不能完全按照民商法上的定义进行解释，而应根据刑法的性质与目的进行解释。而且，民商法中的某些不可抗辩条款，不应成为阻却犯罪成立的理由。第三，由于刑法与民商法等法律的性质、目的不同，所以，对于既违反刑法又违反民法、商法等法律的行为，完全可以在追究刑事责任的同时，追究民商事法律责任。但是，在适用刑法追究刑事责任便可以实现民商法等法律的目的时，则只需要适用刑法，不宜另适用其他法律。

另外，也有诸多学者从多角度对刑法与民法之间的关系进行了一定的探讨，这些累积就是我们研究的背景和起点。如陈兴良教授在法秩序统一性的原理上，以出罪入罪问题的研究为切入点，谈及了双重违法结构的合理性，以及肯定了刑事违法建立在民事、行政违法前提之下。[1] 何帆的《刑民交叉案件审理的基本思路》，立足于“解决问题”，打破单一学科的限制，以刑民交叉案件为突破口，打通刑事法与民事法、程序法与实体法的联系通道。通过对刑法上一些具体概念和问题的解决之道，如刑法上的“死亡”“出生”“占有”“合同”等与民法存在不同，以及民法中的侵权与刑法犯罪中的相当或对应关系，如共同犯罪与共同加害行为、同时犯与无意思联络的数人犯罪等，来揭示刑法的独立性，在探讨解决实际问题的同时，对刑法与民法之间的关系问题给出了些许答案。[2] 最高人民法院法官（审判长）徐瑞柏先生的讲座“民商事纠纷与刑事犯罪交叉的司法对策”，从刑民交叉也涉及许多刑民实体法关系中的具体交叉问题，如民商事纠纷与刑事犯罪交叉时的民事合同效力问题、行为人利用单位公章从事犯罪活动，单位是否应承担民事责任问题等，结合其本人深厚的理论研究和丰富的审判经验，给出了相应的司法对策。游伟教授的“刑民关系和我国的刑事法实践”的讲座，主要是从实体法的角度，以批判司法实践中的不合理做法为契机，对刑法与民法的应然关系作出了论证。他提出，我国长期打着“打击犯罪需要”之旗号，习惯性地将刑法作为“第一手段”使用。这既表现在刑法立法上的前提法缺位，也表现在司法认定中的认识不当。刑法具有违法性认定上的独立性，在具体的司法中，挪用公款中的“营利”，应该是指资金投入以后取得经济利益上回报的行为，不仅仅局限于商事活动取得利润的行为；刑法上认定股份制公司中的国家工作人员，必须运用现代公司法的理论，“委派”就是派遣和任命的意思，委派者和

---

[1] 陈兴良：《违法性理论：一个反思性检讨》，载《中国法学》2007 年第 3 期。

[2] 何帆：《刑民交叉案件审理的基本思路》，中国法制出版社 2007 年版，第 30 ~ 35 页。

被委派者之间必须有一定的行政上的隶属关系。

综上可见，学界对刑法与民法的实体法律关系的研究在起步较晚的情况下，仍取得了丰富的研究成果。在该课题研究的具体内容上，学者们通过或宏观或微观或整体或局部的切入，聚焦于刑法的从属性与独立性，既显示出与大陆法系国家研究的“不约而同”，也共同论证着结论的正确性。

第二章　界分与背离：刑法与民法独立性的彰显

“科学的力量源自对事物的正确认识和定位”，也只有建立在科学定位基础上的法学学科才能划定刑法理论与体系发展的空间。由于笔者固有的刑事法思维，应该说文中论述更多是出于刑法视角、期待更加全面认识刑事法而作出的，这也是研究者难以摆脱的立场限制。但是，仍然不能以此否认这种认识和论述的必要性。对法学各学科的定位是理论研究的首要前提，就如同作曲家要给音乐作品定调子一样，在刑法等法律被制定出来以后，它总是不能脱离其他部门法以及社会的影响，而是要与之保持一定的互动联系。从这一角度看，就可以一方面得以观察到刑法在实际适用过程中的得与失，另一方面也能有针对性地提出修正的意见，以及增加意见的来源，给其他法领域的观察者或学者以发出声音的空间。因此，通过与其他法领域相比较来看待或者分析刑法理论，是全面认识和完善刑法的一个不可多得的选择。当然，有一个问题必须清楚，当社会形势发生变化以后，刑法或早或迟地也会发生相应的变化。此时再回视刑法与民法等法学学科的关系，要注意这其中的法惯性。但这并不妨碍我们借助比较的方法，对现行刑法进行全方位的分析，这也是我们进行后续刑事进程的理论条件。

本章着力于对刑法与民法之间的区别再作探讨，构架中首先为分析中国民法与刑法关系构建一个参照系，展现出两大法系国家中刑法与民法关系普遍的分析框架，从理论上廓清域外刑法与民法的关系。当然，对域外研究的介绍不能止于描述，而在于反思我国既往研究中存在的诸多不足，探寻理论上阐释新法与民法关系的进一步提升空间。

我们必须承认的是以往的研究已经取得了相当的成绩，在诸多问题上都展开了较为深入的探讨。这里的比较法研究方法，并不仅仅指评论、描述西方刑法与民法之间的关系，更不在绘制西方刑法与民法关系的理想图景。那种附西方学者解释的论述需要反思，正如有论者指出的“近百年来中国人之阅读西方，有一种病态心理，因为这种阅读方式首先把中国当成病灶，而把西方当成了药铺，阅读西方因此成了到西方去收罗专治中国病的药方药丸，‘留学’号称是要到西方去寻找真理来批判中国的错误。以这种病夫心态和病夫头脑去看西方，首先造就的是中国的病态知识分子；其次形成的是中国的种种病态言论和病态学术，其特点是一方面不断把西方学术浅薄化、工具化、万金油化，而另一方面则又不断把中国文明简单化、歪曲化、妖魔化。这种病态阅读西方的习性，方是现代中国种种问题的真正病灶之一”。[1] 笔者深为赞同，法学中诸多疑问的认识和解决已有相当大部分被淹没在解读西方文明的方式中。之后的论述中，笔者力图摆脱这种“病态”的阅读方式，对法治发达或法治转型国家的刑法与民法关系有一个客观、准确的描述，从宏观层面及微观层面先后展开，期待能对这一自现代法律体系确立以来就为学者们孜孜不倦研究的话题作出微小的努力。

第一节　理论综述：域外刑法与民法区别的研究考察

一谈及对域外理论或司法实践的考察，往往会使人联想到论者对于域外制度、理论的盲目崇拜或者堆砌与罗列比较法资料。在此，必须再次重

---

[1] 甘阳、刘小枫：《重新阅读西方》，载《南方周末》2006 年 1 月 12 日。

申，关注域外刑法与民法关系，绝非出于崇拜之下的盲目，更非简单的材料罗列与堆砌，而是旨在通过邻壁之光的影射来发现、思考既存的问题，并避免视野狭小带来的“中国中心主义”所可能导致的夜郎自大心态。当然，下文会有不少对域外制度设计的介绍，并会援引域外学者的观点，这种资料性的积累中包含着新的视角，又可以为下文的原理或学理分析奠定基础。

我们先对中外法学理论中就刑法与民法的区分作一回顾和总结。这种定期或不定期对学科或专题研究进行回顾、反思和前瞻，似乎已经成为人文社会科学的常规。[1] 随着法治的确立和全球范围内法治发展的步伐加快，并结合重大标志性纪念活动，法学家们便不遗余力地总结、反思某一法学领域或法律论题的成绩、不足以及努力方向。这种研究方式和研究内容蔓延于各学科领域，并且论述还颇多，积极意义也是很明显的，既能够及时总结学术发展进程，包括相关论题所取得的成就，也能在观察和分析中及时发现问题并讨论未来发展方向。就刑法与民法的实体关系领域，这种回顾性研究显得稍有断层。究其原因，或许与已有资料的分布比较散乱有关，也或许是由于回顾者基本采用与研究者相似的立场、方法（经常是规范主义的研究方法与意识形态式的研究立场）。在此，笔者尽力不要错过这个对法律知识体系以及研究进路展开建设性反思的机会。

在现代法治国家中，虽然刑法仍与政治或政治体制改革有着密切的关系，甚至是改革的一部分，[2] 但刑法与民法的区分早已超出社会体制或政治色彩的藩篱而成为各国法制的指导原则。刑法与民法、刑事责任与民事责任、刑事法律与民事法律各自分离和分立，并形成相互独立的体系，这是各法治国家通行的做法。当然，两大法系理论的重点不同，大陆法系的理论重思辨，坚持学者型逻辑技巧，法律体系建立在严密的逻辑演绎方式之上；而英美法系的理论重实务，法律体系不拘于成文法，多采习惯法、

[1] 左卫民：《迈向实践：反思当代中国刑事诉讼知识体系》，载《中外法学》2011 年第 1 期。

[2] 张光宇：《边缘刑法学》，中国人民公安大学出版社 2008 年版，第 3 页。

判例法等。基于此，刑法与民法的关系在两大法系之间的表现以及表现程度有所差异，应该说是在拥有成文法的大陆法系国家表现得更为明显。可喜的是，无论是在大陆法系国家还是英美法系国家，学者均对法学科之间的差异进行了追寻。

一、他山之石：两大法系国家关于刑法与民法区别的研究概况

（一）大陆法系国家关于刑法与民法区别的研究概况

如前所述，尽管刑法与民法的区分是法制发展史中历久弥新的研究课题，但是这种区别的相对性也是为学者们所认可的。基于探讨问题的需要，我们主要将目光集中于二者的差异上。

在大陆法系国家，有关刑法与民法的关系研究多出现于刑法理论领域，而且有多种表述方式。如法国卡斯东·斯特法尼在《法国刑法总论精义》中论及对“刑法与民事处罚”的区别，主要可以总结为以下几点：一，法律规范中的行为模式存在差异。在刑法的现代发展中，刑法本身并不创设新的义务，而只是对在其他法律分支中已经确立的规则给以更有力的认可或制裁，刑法是一种制裁法律，其他法律分支借助于这一制裁法律，以求对各自确立的义务予以认可，尤其是当这些法律分支规定的一些新规则很难让人接受时，刑法的制裁性质就更加突出得表现出来。二，处罚的内容和性质上有所不同。民法所调整的是私人利益，并且规定对法律主体受到的个人损害给予赔偿，民法上规定的处罚主要具有严格的补偿性质并且排他性地仅使受到损害的人享有利益。刑法仅与社会秩序的防卫有关，刑法借助于公诉方式仅仅是对社会受到的损失进行补救。[1] 杜里奥·帕多瓦尼在《意大利刑法学原理》中谈到“刑法的调整对象与刑事制裁”

[1] 卡斯东·斯特法尼等：《法国刑法总论精义》，罗结珍译，中国政法大学出版社1998年版，第33～35页。

时，认为划分刑法与民法的标准，是刑法特有的制裁措施。部门法律的划分一般是依照各自的调整对象或者是调整社会关系的性质来进行的，比如民商法调整的是私人之间的关系，宪法或行政法是调整政府部门之间或政府部门与公民之间的关系等。但是，一方面，随着社会的发展，社会关系日趋多元化和复杂化，法律的调整对象之间也日益涌现出复杂的关系，如果一定要在各部门法的具体调整范围之间划定一条清楚的界限，绝非容易之事。通常的情况是，各不同部门法调整的对象往往会出现相互重合的情形；另一方面，刑法本就没有区别于其他法律部门的特定的调整对象，"划分刑法与其他部门法的标准，是刑法特有的制裁措施"。某一法律规范无论处于何种性质的部门法中，只要规定了刑事的制裁措施（刑罚手段），就属于刑法的范畴。在这个意义上说，判断法律规范是否属于刑法规范，不能看该法律规范所调整的对象范围或性质。也正因为如此，刑法规范的调整对象，涉及几乎所有的部门法（如民法、行政法等）调整的范围。[1]在德国，有学者指出民法的目的是寻求各平等当事人之间利益的平衡，行政法则事关公共利益，以防止危害、危险管理以及促进公共利益为目的，刑法的目的在于保护法益并确保公共利益之规范效力。德国法实证主义学者汉斯·凯尔森（Hans Kelsen）认为民法与刑法的差异可以从两种法律的制裁目的上观察。刑事制裁的目的是报应、威慑或者预防，民事制裁的目的是赔偿。当然他又指出，刑事制裁与民事制裁之间的区别，并不具有绝对的区分，仅具有相对的差别。因为，民事制裁也至少是间接地以威慑来达成预防的目的，因此，区分刑法与民法的基础就是刑事制裁与民事制裁之间这种相对的差异。[2]除此之外，在探讨刑法独立性时，学者们也深入探讨了刑法与民法在功能、作用、目的上的差异。

总而言之，大陆法系国家刑法理论上主要还是以调控手段作为区分刑法与民法的标准。以刑罚这种刑法特有的调整手段来说明刑法和其他部门

---

[1] 杜里奥·帕多瓦尼：《意大利刑法学原理》，中国人民大学出版社2001年版，第1~2页。

[2] ［奥］凯文僧：《法与国家的一般理论》，沈宗灵译，中国大百科全书出版社1996年版，第55页。

法律的区别，可以说是为全世界法学界所公认的事实。[1] 需要注意的是，尽管区别某一规范是否属于刑法规范的因素是该规范制裁措施的性质，而不是该规范所命令或禁止的内容，但是，“刑法典第 17 条所列的刑事制裁措施，却只具有形式的意义”。稍加思考就可以发现，将制裁措施的性质定位为界定刑法规范的标准，其实只能是一个形式意义上的标准。“从实质意义上讲，这个标准无异于同义反复：一种制裁措施（以及与之相联系的法律规范）之所以是“刑法的”，是因为它被规定为‘刑法的’。”那么，要进一步探讨刑事制裁的实质内容，人们就不得不思考一个根本性的问题，刑法典规定的制裁措施是任意的吗？回答一定是否定的，那么，刑法典规定的刑事制裁措施本身何以展示出它们成为刑法特性或性质的理由呢？在回答上述问题时，观察后首先看到的可能是各种刑事制裁措施之间的具体差异（无期徒刑是永远剥夺人的自由，有期徒刑和拘役是在一段时间内剥夺人的人身自由；罚金和罚款是交付一定的金钱），更加深入地发掘后可以发现，刑法典中的刑罚存在一个共同的特点，就是均直接或潜在剥夺罪犯的人身自由：监禁刑刑罚直接剥夺罪犯的人身自由，这是不言而喻的事实；即使是财产刑，也同样包含剥夺罪犯人身自由的可能性。这是由于在正常情况下，后者的表现形式是要求犯罪人交付一定的金钱，但若被判刑人不（或不能）交付，就会转化为另一种刑罚：拒不执行财产刑的判决，处罚就会转化为相应的监禁刑或者成为加重监禁刑的情节。在以财产为内容的制裁措施中，只有刑罚性制裁才以这种转换作为实现的“保证”。与之相反，不少民事或行政的制裁措施也以交付一定金钱为内容，但法律就没有为它们规定上述机制作为强制执行的保障。具有剥夺人身自由的可能性，是刑法典中规定的刑罚的基本特征。

（二）英美法系国家关于刑法与民法区别的研究概况

在英美法系国家，关于刑法与民法区别的研究也存在着与大陆法系国

---

[1] ［奥］凯文僧：《法与国家的一般理论》，沈宗灵译，中国大百科全书出版社 1996 年版，第 4 页。

家类似的观点。英国功利主义大师边沁（Bentham）在他的研究中产生了澄清“刑法的界限”、刑法与民法的区分的动机，却意外陷入了一个形而上学迷宫中一个未曾被打扫过的角落之中：“什么是刑事法典？什么是民事法典？它们具有什么性质？是否是这样：存在两种法律类型，一种是刑事的，一种是民事的，以致一部刑事法典中的所有法律都是刑事法律，而一部民事法典中的所有法律都是民事法律？抑或是这样：在一条法律中存在着具有刑事性质的部分，因而该部分属于刑法典，而同时其他具有民事性质的部分就因此归属于民法典？”❶ 在《论一般法律》中的第16、17、18章，边沁讨论了民法与刑法的差异、民事性质的法律部门与“与犯罪相关的法律部门”的界限，民事性质的法律就是涉及对那些被规定为违法行为的不同类型的描述的情节性内容；刑事性质的法律则包含对被规定为违法行为的纯粹行为进行的描述，或者对制裁行为的描述，以及涉及影响对制裁进行描述情节的大部分，则统称为刑事性质的法律。不过，边沁承认“民事部门与刑事部门区分的界限并不非常清晰”。❷

在高举程序正义大旗的美国，“实体法规范的发展和体系化其实正是长期的诉讼审判实践积累的结果”。在较早的时期，对于不法行为，往往需要依靠私人当事人去纠正刑事控诉仅被当作一种提供个人救济的手段——声称受害的当事人必须亲自证明自己有受到补偿的权利。这时并没有建立职业警察和职业公诉人，所以刑法与民法之间的区别并不明显。而之后随着工业革命的完成，以权利为基础的市民社会（不受国家直接干预的市民自治领域）和以权力为基础的政治国家分立，联邦和州政府的法律实施能力增强，刑法和民法以不同的形态出现并发挥着作用。直至19世纪后半期到20世纪，这两大部门法之间的区别和界限才变得相对较为明晰，不仅带来了刑事程序和民事程序各自的方向性发展，而且给理论方面研究刑法与民法的区分奠定了基础。

---

❶ 边沁：《道德与立法原理导论》，时殷弘译，商务印书馆2000年版，第366页。

❷ 边沁：《论一般法律》，毛国权译，上海三联书店2008年版，第266页。

刑法与民法之间的区别可以通过不同的角度来加以讨论。其一，调整范围不同论。在西方市民社会和政治国家二分化的空间中，与之相对应的，调整市民社会关系、在市民社会的领域中普遍发挥作用的是包括民法在内的私法，而横行于政治国家层面、规定国家权力行使的是包括行政法和刑法在内的公法。这种区分主要是基于权利与权力的关系而设立。权利与权力相互依存，也只有进一步形成相互制衡的关系，权力才能适度、权利才能充分，社会也才有机会稳定、正常发展。这就是著名的“权利与权力加和守恒”，他们之间存在着此消彼长的关系，价值目标也在这种动态关系中得以实现。其二，制裁手段不同论。刑事法律与民事法律虽然具有相同的基本目的（即维护法律秩序），但是达致这种秩序的手段却是不同的，这种不同不在于是否存在法律制裁，而在于制裁的严厉性。民法中针对侵权行为的法律制裁是以“付钱”为基本内容的损害赔偿，而刑法则提供诸如徒刑等剥夺或限制人身自由的制裁，也就是刑罚。[1] 刑罚手段是专门针对刑法中的犯罪而存在的，犯罪和刑罚互为因果，反之则“没有刑罚不为罪”（nullum crimen sine poena），也就是说，没有法律规定应受刑罚制裁的行为不是犯罪，刑罚是区分刑事法律和其他法律的最主要特征。其三，程序中的权利保障需求不同论。法律程序依附于实体法，有什么样的实体问题就有什么样的程序内容，这在程序至上的法治中更是如此。由于刑罚给个人自由带来严重的威胁，就需要更有效的程序保障个人权利，最明显的表现就是刑事程序的宪法化以及宪法性权利充斥其中，而这种需求在民事诉讼程序中就相对较弱。其四，禁止性行为与有对价的行为区别论。刑法与民法的区别在于惩罚的行为性质不同，民法为平等主体设立行为模式预防违法行为的发生，继而为受财产和人身利益损失的一方订立赔偿原则；而刑法需要矫正的是一个侵害公共利益的不当行为，以强行法的形式保护并且增强一般的社会标准，其中既反映了刑法对此类行为的否定性评价，更是将评价过后的刑罚效果强加于行为人。民法制裁的强制性则

[1] 储槐植：《美国刑法》，北京大学出版社2006年版，第3页。

相对缓和，只要行为人愿意赔偿不法行为引起的损害，他就可以去实施这种行为。其五，行为的悖伦理论。在这种观点中，刑法与民法的最大区别在于其中行为的悖理程度。一方面，犯罪行为的悖理性即犯罪行为是一种被社会评价为“恶”的行为，蕴含着否定的道德评判意义，尤其是自然犯，如杀人、放火、强奸之类行为的违背伦理性表现得特别明显。另一方面，是否动用刑罚以及在确定刑罚分量之时，均需要考虑一定的道德因素的制约，刑罚的合理适用才能形成对伦理道德的支持，否则不仅不能起到支持伦理道德的作用，反而会败坏社会伦理道德。刑罚一旦确定或执行，不法行为者也就烙上了道德上的污名。伦理道德判断之下，情节轻微的行为就可以成为刑事责任的辩护事由，但却无法成为侵权责任的辩护事由，这是由于刑法的宽容，一个情节轻微的行为不值得动用刑罚权并进行道义谴责。正如《模范刑法典》中所说的，如果法院认为被告人的行为所造成损害或威胁很小以致不应受到有罪判决的谴责，法院应该驳回指控。一般来说，犯罪是不道德的行为，道德是刑法的基础，刑事司法中一些疑难问题的解构和认识，很多都要最终诉诸道德评价。

理论之树常青的秘诀就在于立论和争论。对于以上这些解释，均存在不同的争议。举其要者，如，刑法与民法确实有不同的制裁方式，但是这只是形式上的揭示，并不能明确不同制裁方式之下隐藏的机理、刑法和民法的区别本质上究竟是什么。另外，既然这两种制裁方式共同存在于同一体系中，那么两者之间的彻底区分就是不可能的，可为何又不反其道而行之，将其融合为一个制裁体系？又如，刑事程序与民事程序中的权利保障不同，这一理论不具有普适性，仅比较适合英美法系程序正义高于一切的实践。

二、本土经验：我国关于刑法与民法区别的研究概况

关于中国语境中刑法与民法之间的区别，我国大陆和台湾地区学者也进行了不同角度的考察，这种考察大多是在谈及刑法与民法的性质时展开

的。陈兴良教授在介绍“刑法的特征”时指出刑法具有独特性，与其他法律部门的区别在于法律调整的方法，而不是调整的社会关系性质。具体讲来，宪法、刑法等部门法依据内在逻辑关系形成了国家的法律整体，即法律体系。这个体系中的刑法处于一个非常独特的地位。在部门法划分的标准中，一般是根据部门法调整的社会关系的性质来划分的，即调整同类社会关系的法律就归属于一个法律部门。比如，民法是调整平等主体间的人身关系和财产关系，凡是调整平等主体之间人身关系和财产关系的法律均归入民法中。但是，刑法是法律体系中的例外，不是根据调整社会关系的范围，而是根据法律调整的方法来划分的，凡是采用刑罚方法来调整某种社会关系的就可以归入刑法的领域。就调整的社会关系而言，刑法和其他法律是有重合的。[1] 如一般的财产关系是由民法调整的，但是当侵犯他人财产所有权的行为构成侵犯财产罪时就进入刑法调整领域。

学者李海东认为，刑法与民法等其他部门法的区别不在于调整范围或曰调整的社会关系的不同，而在于刑罚手段的特殊性。刑法制定与实施中的核心内容是犯罪与刑罚，犯罪行为作为一种严重危害社会的行为，根据法律规定可能承担的法律后果是刑法特有的调整手段——刑罚，这就构成了刑法独立性的最主要内容。[2] 也有学者不同意这种观点，指出正是刑法调整对象的不同，才使得刑法与其他部门法律得以区分开来。刑法调整对象具有的特殊性，主要表现为三方面：调整对象利益的整体性、内容的确定性和范围的广泛性。其中，“调整对象利益的整体性”指向的内容区别于我们通常所说的“调整范围的广泛性”，是说刑法调整的社会关系涉及社会、国家的整体利益，这是刑法与其他部门法律的最根本区别。这不仅给立法者确定犯罪圈提供了一个标准，而且给司法者合理适用刑法提出了一个科学的理念。而刑法调整对象的内容，也得到了学者的独特解读：将其实质内容界定为“公民个人的基本人权与国家所保护的包括犯罪人基本

---

[1] 陈兴良：《口授刑法学》，中国人民大学出版社 2010 年版，第 22 页。

[2] 李海东：《刑法原理入门（犯罪论基础）》，法律出版社 1998 年版，第 1 页。

人权在内的全体公民的基本人权”。我国台湾著名学者蔡墩铭则不仅认可刑法的公法、强制法等特征，借以与民法的私法、任意法等特征对应和区别，还对二者之间的区别作了具体描述。在法律要件上，民法所规定者不仅为违法行为的法律要件，尚及于合法行为的法律要件，在未规定时通常可依习惯或法理予以补充；而刑法所规定者原则上为违法行为的法律要件。在违法上，民法上行为是否违法，悉依法律的规定予以认定；而刑事违法的认定，尚须考虑法益保护、公序良俗或文化规范，有超法规的考虑。在责任上，民事责任注重行为所引起的损害；而刑事责任原则上处罚故意，例外始罚及过失，且处罚过失甚轻。在法律效果上，民法上法律效果为损害赔偿，仅为被害人着想；而刑法法律效果之刑罚或保安处分，则为社会或犯人着想。❶

“一种制度得以长期且普遍的坚持，必定有其存在的理由，即具有语境化的合理性；因此，首先应当得到后来者的尊重和理解。”❷ 以上这些理论上的尝试和总结理应受到尊重，并且其在价值理念、研究思路和观点结论上呈现出不同的特点，为后来者提供了发挥的空间。刑法与民法之间确实呈现一种独立基础上的分离状态，这种态势之下却又未曾远离。在诸多因素的掣肘下，刑法与民法之间的分界必定不是单维度的，而是一个多维面向。同时，这种多面向的考察，不宜习惯于高屋建瓴，宏大叙事，而缺乏解释法律和案件的自我训练，否则这种理论建构的不足直接导致的是理论面对现实问题时的失语和无力。相反，通过文本的考察、实证的分析以及对制约刑法与民法关系的深层次探讨，使我们真正体会到二者关系的复杂性，进而从这种蛛丝马迹中窥探司法的合理之道。

---

❶ 蔡墩铭：《刑法精义》，翰茂图书出版有限公司2005年版，第3~7页。

❷ 苏力：《送法下乡》，中国政法大学出版社2000年版，第90页。

第二节 何以区分：刑法与民法的独特性

刑法与民法都是独立的法学分支学科，显著标志就是学科自身完整的理论体系的发展和形成。这种理论发展又是具有历史性的，当碰撞到社会主义初级阶段与市场经济的逐步确立，依法治国与构建和谐社会的理念又逐步在社会大众中得到认可，旧有的理论就受到了挑战，即便是理论体系已经较为庞大的刑法和民法也不能例外，我们的研究就是在这样的背景下展开的。

刑法与民法作为社会中处理利益问题关联最密切的规则体系，共同影响着社会生活。但是民法天然地散发着与市民社会的不可分割以及塑造、促进后者发展的使命感。而刑法的发展方向不在于建设和创造社会或社会中的组织，而在于避免来自个人或组织对利益的严重侵犯，维护社会共同信念与集体情感的任务固定在一个现实的、可观察并能够度量的范围之内。这就构成了刑法与民法在建构制度上的种种不同，本节内容拟从事实层面和规范层面进行细分，为刑法与民法的区别展示不一样的面向。

一、事实面向：刑法与民法上不法行为的悖理性评析

（一）否定与中立：刑法与民法的伦理评价色彩

“正义问题是在不同的人们或者团体之间发生利益冲突的时候提出来的。”[1] 法律这种行为规则体系，总是与纷纷扰扰的利益冲突分不开，刑法与民法更是不能逃脱这个轨道，只是这二者对于各自相关利益冲突行为的伦理评价不甚相同。在现代的社会环境中，卷入民事官司中的公民几乎感

---

[1] ［英］布莱恩·巴里：《正义诸理论》，孙晓春、曹海军译者，吉林人民出版社2004年版，第8页。

觉不到周围人的异常对待，淡然处之是大众对待民事诉讼的态度；但是如果一个人实施了犯罪行为，他受到的将是全社会范围内的消极评价，这其中含有的社会伦理的否定判断非常深刻。也就是说，刑法对犯罪行为的否定评价远深于民法对侵权行为的中性对待。前者的否定评价主体是整个社会，评价的标准是社会中通行的共同生活理念和集体形成的普通情感，后者则进行的是一种中性评价。

在民法的管理视域中，利益是社会行动中人们行为的趋向，利益冲突是群体行动中的正常现象，尤其是在利益竞取行为中，利益冲突更是其存在的前提。这是由于民法赖以构建的基础是市民社会，其中的人是自由独立、追求自身利益最大化的“理性人”，而这也正是市民社会发展和进步所必需的。民法在这其间的作用就是以促进市民社会的完善为制度设计的起点，铺设保障人们最大程度地合理、合法地追求和实现利益的通道。这就构成了合法权利，拥有该权利的人就享有特权的赋予，可以对抗义务人以至公权力的滥用，从技术上充分保障人们利益实现的愿望。在这一过程中，不同主体之间利益的不协调或正面冲突是不可避免的，在这种冲突选择中理性个人宁可侵犯他人的利益，也不会作出“自我牺牲”的选择。尽管道德上可能会谴责这一违约行为或侵权行为，并在未来的经济交往中被视为信誉不高的人，但是从民法上看来，这不过是理性人在衡量现实利益与预期利益后的结果，利益的损失是行为人预料到的，只要加以补偿，民法是不能再给予伦理上的责难的。这种技术性规则形成的法律文化氛围中，经过民法指引、民事诉讼程序解决的纠纷和矛盾，并不能造成侵权人在伦理上的强烈社会否定，即便是法院的生效判决也只是指引行为人应该按照法律允许或要求的方式实现自己的利益，否则就必须承担由此带来的赔偿责任。换言之，民事纠纷或者民事审判活动都是在道德上保持中立立场的。

需要说明的是，在民事法律中诸多涉及伦理的技术性设置，如有效的民事法律行为不得违背善良风俗，民法的基本原则中包含“帝王条款”诚实信用原则和公序良俗原则。但这些并不意味着民法运行中就会对违法行为进行道德上的否定评价。这是因为民法既是裁判规范，又是行为规范。

这些规定是在行为规范的意义上使用的，旨在规范民事主体追求和实现自己利益的过程中必须遵循的步骤、方式和方法，起到的是一种指引作用；当行为人违背这些要求，可能的后果就是行为人自身利益的落空以及对引起的他人的利益损失加以补偿，并不表示民法规范对这些违法行为进行道德上的评判。也是在这个原因的促使下，发达市民社会中的利益关注度更高、也更广泛，人们勇于为自己的利益而寻求民法帮助，民事诉讼对权利的救济成为解决利益冲突的基本手段。

如果进一步分析，可以发现，民法主要是立足于国家的调整规范总和，民法规范的目标在于通过对个体行为人的影响，来推进社会整体理想结果的实现，特别是推动资源的有效分配和流转。民法规范这种趋向性的价值和内容深深植根于长期的市民社会，可以这样解释：自利性是市民社会中行为人选择的最基本动力，追求和实现自身利益最大化是行为的最基本轨迹，在促进个人利益实现的同时，不损害乃至推动社会整体的进步和繁荣，这是民法坚持对利益冲突中性评价的深层次理由，也成为民法学研究的方向。

刑法规制的犯罪行为在人类社会共同生活中的映像本身就表达了一种深刻的否定。首先，犯罪行为的本质是对社会生活中特定利益的侵犯，而且是一种现实侵犯；其次，被侵犯的利益群在社会生活中属于相对重要的利益种类，其背后天然地存在着社会普遍承认的伦理要求，换句话说，社会共同生活中承认的价值理念和道德情感寓于其中；最后，刑事法律中规定的刑罚处罚以及对犯罪人最终的刑罚适用体现着社会伦理道德蕴含的必然要求，因为无论何种处罚的行使，受到侵害的利益或者利益主体均不可能恢复到被侵害之前的状态，行为人受到处罚既是报应观念下的必然结果，也体现了在社会秩序中更加确认社会共同信念和集体情感的地位以及不可侵犯的尊严。因此，对犯罪行为的厌恶与敌视，对被害人的怜悯和同情，这是人类难以割舍的情感体验，这种情感体验的传承所要解释和表达的正是刑法背后的人性基础。

当然，在人权、平等理念深入发展的现代社会，善待犯罪分子，并向其提供重新融入社会的渠道，是我们一贯提倡的做法。但是，仍然不能完全抹掉犯罪行为曾经侵害社会共同情感、触犯集体生活神经中枢的痕迹，这种强烈的社会谴责是犯罪分子难以被撕去标签的重要原因。尽管我们有理由指责“歧视”的存在、提倡宽容，但是千百年来犯罪行为一直背负着消极的社会象征意义，这种历史惯性本就是深刻否定犯罪的最好证明，所以公民难以轻易拒绝承认对犯罪行为的负面评价，更难以抛弃犯罪始终带有的不平等对待。因为这样的观念中渗透着一个特定社会延绵生存的伦理和秩序底线，犯罪行为最直接和最密集地表达了社会“善”与“恶”的对立。宽容是一种人道主义精神的体现，而与承认、认同毫无关系。我们提倡的是一种建立在个人性格和灵魂可塑性基础上的“浪子回头金不换”，从而应该对曾经带有犯罪标签者宽容对待。但是在任何时候任何场合对犯罪行为是不允许也是不能宽容的，无论是基于报应还是预防犯罪理念下的刑法，都决意要将犯罪行为置于社会整体的否定评价体系之中，予以合法合理的刑事制裁。

（二）一元与二元判断：刑法与民法违法性的差异

在现代法律体系中，刑法与民法作为两大基本的部门法，是法律体系大厦中的重要顶梁柱，并为生活于其中的每一个个体提供“法律秩序”的保障。但是由于两者在功能、目标上的差异，所谓的违法行为在其中就有了不同的社会意义和法律内涵，不同法领域中的“违法性”也就包含了不同的实质判断标准。在法律领域中，“违法性”这一概念范畴并不具有确定的判断标准。[1]

民事法律中的“违法性”行为，指的是行为人追求和实现利益的行为违背了民事法律为实现特定利益内容所设置的方式、方法或者步骤，从而给享有权利的他人造成了实际的利益损失。[2] 将行为人的行为判定为民事

---

[1] 这里的“违法性”指的是行为对法律的违背，相应法律对行为的终局评价本身，而不是指各法领域中的违法行为（如侵权行为或犯罪行为）构成要件中的“违法性”。

[2] 刘凤科：《刑法在现代法律体系中的地位与特征》，人民法院出版社 2007 年版，第 133 页。

上的违法，是对受侵犯的权利内容的肯定，也是对侵犯行为的判定。受到侵犯的权利具有经济利益内容，可以这种方式得到补偿。当然，这种补偿最后实现的具体方式可能是多样的，补偿的主体可以是多元的，可能是直接给他人利益带来损失的人或者利益相关人，也可能是受害人本人，并且随着社会的发展，风险承担社会化，赔偿主体的范围也出现扩大趋势。尤其是现代社会中国家福利扩展、保险制度趋于健全，社会也有可能成为损失的承担者。这也与民事违法在社会伦理评价上的中性色彩密不可分。

而在刑法领域，由于犯罪行为被视为是违背群体信念和情感的“越轨行为”，对之进行确证和终局裁判的权力集中在公共权力之手，并且这种权力在市民社会中被赋予了另一种发展趋势：国家权力应该受到限制。因此，在刑法“违法性”的认定中，不仅需要在形式上符合法律的规定，而且在实质上也需要考虑法益冲突的复杂状况。也就是要同时符合形式上的罪刑法定原则以及实质上的法益侵害性，对这二者的分而视之体现了刑法理性。形式违法性强调的是刑事中的违法行为必须属于法律明文规定的类型化行为，突出了犯罪认定对法律条文的依赖性；而实质违法性则是实质正义观具体通过法益在刑法领域的体现，即法益是犯罪行为认定的社会基础。这也是刑事违法性中包含强烈道德谴责和否定评价的原因。

当然，形式违法性，即在形式上违反相关的法律规范，是民事或刑事“违法”的共同要求，但是在具体法领域中的意义并不相同。对于民法来说，基于建设市民社会的目标预设，其应当对因利益冲突发生的所有纠纷加以调整，并通过民事法律的运转切实实现，避免以民法无相关规定为由不承认民法对相应利益内容的权利塑造。这种做法虽然不能直接称为违法或不负责任，但起码可以说是很轻率的。虽然权利是民法上制度构建的起点，但是在民法的发展趋势上，我们应该看到：权利的种类没有受到法律的限制，并且特定权利中的具体内容也不能轻易否定，我们应尽力给合理利益找到权利上的归属。这既是民事权利的应有之义，也是市民社会发展的必然要求。实际上也正是这一特性连接了民法发展与其发展的源泉——社会，也就决定了民法渊源的多样性与灵活性。一方面，对裁判者而言，民法渊源多元化就避免了法官以“法无明文规定”为由拒绝裁判，否则会大大降低法院的威信，也有碍于民法构建市民社会秩序的功能发挥；另一方面，民法渊源多元化也就将市民社会的日常生活均纳入规则的范围内，提高生活的安全性和可预期性。从这个意义上说，民事领域的法来源之广，违法或者民事诉讼案件中败诉方的确认只是以“国家否定”的方式表现民事责任实现的确定性，并不带有国家的伦理谴责和否定。

刑法并不以权利—义务模式为公民设计实现自己利益的具体行为方式，而是通过宣示社会共同信念和集体情感，这种宣示是通过规定追逐利益的禁止方式来实现的，并处罚这种以侵犯他人法益的方式违背社会共同信念和集体情感的行为。宣示中的具体内容，无论是刑法规定的具体犯罪行为类型，还是现实生活中实施了犯罪行为的犯罪分子，均为国家权力以社会整体的名义依据国家法律慎重挑选的结果，这些“异端”现象和分子要接受整个社会的谴责和惩罚，同时，这种方式也能够给潜在的犯罪分子以警醒。当然，刑法中的刑罚以限制或剥夺他人的生命、自由或财产为内容，以极强的严厉性为特征，这其中的“恶”是否是值得的呢？无论如何提炼“以恶制恶”中刑罚的合理性，总显得不充分，但是，假如取消刑法的伦理谴责性、取消评价上的社会共同信念和集体情感的社会基础，而使得刑法简化为调整与平衡利益冲突的法律规则，则生活于其中的公众直接面对的将是国家集体生活中最有强制力的社会共有理念确认方式的丧失，共同情感和理性的维系失去了最好的媒介。

刑法上违法的二元判断对于论证刑罚的预防犯罪功能也有重要帮助。刑法坚持理性与谦抑地挑选犯罪行为与犯罪人：行为直接造成了法定利益的巨大伤害，并不存在值得谅解的情形，这就直接承载着强烈的道德谴责。与之相伴随的，既有刑罚的痛苦，又有社会环境中因人际关系的疏远、隔离带来的痛苦，从而使得任何行为人实施犯罪行为的有形阻力和无形障碍增大、增强。

二、规范面向：刑法与民法的比较考察

在法律共同体中，以宪法为顶点的金字塔构造由不同的部门法组成，它们各自分工精确，并发挥着相应的社会功能。民法与刑法就是这个体系中最先成长起来，也是现今羽翼最丰满、内容最庞大的两个法律部门，也是法律共同体中的两个最基本构成。它们不仅影响着普通大众社会生活模式的塑造，而且是当下社会观念、政治伦理发展的最主要推手。最为明显的表现是，现代社会渗透了更多的民主和自由因素，为了更加促进和繁荣这些因素的制度化发展，人们理性构设了市民社会与政治国家的并存和对立。市民社会散发着平等和自治的理念与精神，作为市民社会基本法律制度的民法当然也不能脱离这一品格，这就需要将其内化于制度设计之中。基于此，受到民法规范约束的公民，就有权利在不违反法律预设的步骤、方式和方法的前提下，追求最大限度的经济利益，并且违反契约需承担违约责任的路径选择也是现代市民社会不能加以禁止的。也就是说，民法制度、民事纠纷或者民事案件并不带有伦理评价。但是，对于人类社会长期以来共同形成的、深植于社会的集体情感和共同信念，是社会秩序的最低限，不得侵犯而必须受到保护。对于侵犯集体情感的行为或行为人，都将面临社会伦理的否定评价及谴责。

可见，刑法与民法以不同的方式对社会利益进行保护。民法保护的侧重点在于利益本身，法律运转的目标在于补偿损失，使其恢复到损害发生前的利益状态；而刑法则倾向于惩罚，关注的是法益受到侵害的程度，以及给犯罪人与侵害相适应的惩罚。同样作为被指控对象，刑事案件中的犯罪行为人与民事案件中的侵权人必定会受到不同的社会伦理评价。前者理应受到社会的道德谴责，行为人不仅因刑事程序而被确定为法律上的“犯罪人”，而且因对社会伦理的违反而负有伦理道德责任；后者则在民事法律制度的范围内承担行为人的过错责任或相应的法律责任，但是不因此而导致社会伦理责任。

这种伦理评价上的不同来源于刑法与民法在现代社会法律结构中的不同分工以及利益保护路径的不同，也是社会形态的要求和必然反映。与之相适应的，刑法与民法在规范上存在差异。通常的理论研究中都将民法规范视为授权性规范，而刑法规范则为禁止性规范和命令性规范，与民法内容的多样性相伴随的是民法规范的复杂性。法律规范结构的主要内容包括作为法律适用前提的假定和作为法律适用结果的法律效果，而无论在哪个方面，民法规范与刑法规范均存在重大差异。

（一）刑法规范的强制性和民法规范的选择性

刑法视野中社会秩序的维护居于至关重要的位置，为了达到这一要求需要不惜以国家资源中的刑罚权来规范行为人的活动，刑法的强制性不言而喻。民法的选择性，是指民法规范体系以权利为核心内容，侧重于个人权利的选择范围（也就是民法规范中的确认范围）及权利实现。刑法的规范性与民法的选择性，不仅是法律共同理想中“公平”和“正义”价值的具体化，而且在司法上有助于理解、解释以至解决民法上的无权利现象与刑法保护对象的疑难问题，具有实践意义。例如，事实婚姻问题，在民法和婚姻法上已经不被承认或保护，但是在刑法中却将其视为重婚罪和破坏军婚罪的前提，这是由于民法规范确认合法婚姻的范围，旨在保护合法的婚姻登记形成的法律关系以及保障登记的效力，而刑法则从维护稳定的婚姻家庭秩序出发，处罚具有重婚实质的事实婚姻行为。

刑法强制性最直接的体现就是刑法条文的规定，如第 1 条中直接将刑法目的规定为“惩罚犯罪，保护人民”，第 2 条明确规定刑法的任务“用刑罚同一切犯罪行为作斗争，以保卫国家安全，保卫人民民主专政的政权和社会主义制度，保护国有财产和劳动群众集体所有的财产，保护公民私人所有的财产，保护公民的人身权利、民主权利和其他权利，维护社会秩序、经济秩序，保障社会主义建设事业的顺利进行”。从法律规范的属性上来看，刑法规范大部分具有强制性，包含义务性规范和禁止性规范。行为构成犯罪的，行为人必须受到国家法律的制裁，而且这种制裁完全是强制性的，即使是侵犯公民个人权利和个人利益的的犯罪，也不允许加害人和被害人之间进行所谓的“私了”。当然，也不能完全否认任意性规范在刑法中的存在，如极少数亲告罪告诉才处理，不主动启用刑罚权，在诉讼中也可以和解和撤诉，具有一定的任意性。但总体上来说，刑法规范的强制性特征占主导地位。

民法倡导“私权神圣”，民法规范的内容是调整平等主体之间的人身关系与财产关系，倾向于平等地确认和保护私权。民事法律确认权利的范围，并加以充分保障，对抗任意的限制或来自权力的剥夺。《中华人民共和国民法通则》（以下简称《民法通则》）开宗明义，规定其立法宗旨是“保障公民、法人的合法的民事权益”。整个民法就是一部民事权利法，是一部以权利为中心的法律。由此，民法享有“人民权利的圣经”之美誉。出于对权利的充分肯定，民法的整部法律内容都围绕权利确认、制度设计和实行等展开，确定了民事主体的人格权、身份权、物权、债权等权利体系，并对民事主体积极行使权利和维护权利的行为持鼓励态度。[1] 此外，民法虽然为自治法，但也有一定数量的规范具有强制性，主要包括要求具备特定形式才具有法律效力的规定、限制合同自由的规定、对人的原则性和一般性的法律地位的规定、法律关系中保障较弱者或者提供最低限度的保护规定、关于权利的基本结构规定等。[2] 但总体而言，强制性规范的范围不仅非常小，而且由于天然的和理论发展上的警惕之心，在未来扩大的空间和趋势也是非常渺茫的。因此，民法中的自治规范仍占绝大多数，为个人权利行使提供了广阔的空间和自由。

（二）刑法重视主观与民法重视客观

从刑法与民法相对比的角度可以发现，刑法更加注重主观性，而民法更加注重客观性。这是指，相对而言，在刑法犯罪的认定和刑罚的裁量与

---

[1] 杨立新：《民法》，中国人民大学出版社 2010 年版，第 9 页。

[2] ［德］施瓦布：《民法导论》，郑冲译，法律出版社 2006 年版，第 39 页。

适用中，主观要素更加受到刑法的关注；而民法更加关注的是行为造成的利益损失即行为结果，较少关注行为中的主观因素。

在刑法学中，主观主义与客观主义之争由来已久。自19世纪开始，两个学派之间就展开了激烈的论争，并形成了各自的结论框架体系。客观主义对犯罪行为的关注点更加集中在行为结果上，行为对社会产生多少危害，即完全以客观所发生之结果为标准，再决定刑罚之质与量。主观主义则更加关注犯罪人本身，即犯罪人的品格以及其他导致犯罪行为的个人条件作为科刑的基础。[1]客观主义和主观主义在以下方面形成了对立：在刑法规范评价的对象上，客观主义主张结果无价值说，主观主义主张行为无价值说；在行为的概念上，客观主义主张因果行为论，主观主义主张目的行为论；在违法性判断的对象上，客观主义持客观违法性说，主观主义持主观违法性说；在责任能力的本质上，客观主义认为是犯罪能力，主观主义认为是刑罚能力；在刑法中的危险上，客观主义主张客观危险说，主观主义主张主观危险说；在共同犯罪上，客观主义主张犯罪共同说，主观主义主张行为共同说；在共同正犯上，客观主义提倡共犯从属性说，主观主义提倡共犯独立性说；在罪数论上，客观主义主张犯罪形态论，主观主义主张刑罚量定论；在刑罚的本质上，客观主义学者一般都赞成报应刑的刑罚本质，主观主义则通常提倡目的刑的刑罚本质。我国1979年刑法和1997年刑法对主观主义与客观主义均有反映，并且在新刑法中出现向客观主义倾斜的趋向。但相比民法来说，刑法的主观倾向还是很重的，突出表现为：行为成立犯罪必须具备主观方面的要件，而且行为人的主观要素还是决定此罪与彼罪、罪轻与罪重、一罪与数罪等的因素。具体行为是否构成犯罪，必须考虑行为人主观因素的有无，并区别主观内容上的故意与过失。明知自己的行为会发生危害社会的结果，并且希望或者放任这种结果发生，因而构成犯罪的，是故意犯罪；应当预见自己的行为可能发生危害

---

[1] 谢瑞智：《刑法总论》，文笙书局2002年版，第23页；韩忠谟：《刑法原理》，中国政法大学出版社2002年版，第28～30页。

社会的结果，因为疏忽大意而没有预见，或者已经预见而轻信能够避免，以致发生这种结果的，是过失犯罪；行为在客观上虽然造成了损害结果，但不是出于故意或者过失，而是由于不能抗拒或者不能预见的原因所引起的，不是犯罪。刑法以处罚故意犯罪为原则，以处罚过失犯罪为例外。尤其在我国刑法条文中，存在诸如以非法占有为目的、以营利为目的、以牟利为目的、以转贷牟利为目的、以传播为目的、以勒索财物为目的、以出卖为目的、出于泄愤报复或者其他个人目的这样明示性的规定。据此，是否具备这些特定的目的，是区分罪与非罪的重要标准。此外，行为人的主观要素还被纳入罪数判断标准的体系，行为人在主观上是否出于同一个犯罪目的而行为，是判断一罪或数罪的重要标准。在刑罚的裁量和执行方面，刑法还设立了自首、立功、累犯等一系列影响量刑的主观方面因素。

民法注重客观的性质表现在：其一，民事责任的承担与否以及承担的数量并不因故意或过失而产生不同。民法上的责任重在对利益损失的补偿，以及补偿的客观公正分担，而不关心行为人主观上是否应被责难。例如在买卖合同中，出卖人负有产品瑕疵担保责任，这种责任的承担范围和数额并不会因为主观要素的不同而不同。其二，民法上坚持“无损害即无赔偿”，是否预备、未遂、中止或产生危险均不予以考虑。实际损害是确定民法中损害赔偿范围的因素，而在未遂、中止等场合并没有发生实际的损失。民法在这其中明确体现了客观性。

（三）刑法的稳固性与民法的灵活性

刑法与民法还在调控范围以及法源上呈现出明显的不同，具体而言，刑法在调控范围上是内敛的，在法源上具有限制性；而民法在调控范围上是扩张的，在法源上具有多元性。如在侵权责任法中，调整的利益范围囊括了生命权、健康权、专利权等诸多具体民事权利，还通过“人身、财产权利”的条文规定使得此范围处于扩张状态，侵权行为的范围也从一般侵权行为不断拓宽到高度危险活动致人损害、产品责任、环境污染侵权以及动物致害等领域，在归责体系上由单一的过错责任发展到过错责任、无过错责任、公平责任多元并存的归责体系。

刑法与民法出现的稳固性与灵活性差异，与各自的基本原则是相适应的。法律的基本原则是法律的灵魂，贯穿法律全过程，体现现代法的目的，决定法的基本特征，是对一国乃至各国立法和司法具有普遍指导意义的规范。我国理论通说认为，刑法有三个基本原则，分别为罪行法定原则、平等适用刑法原则，罪刑相适应原则，其中罪刑法定原则是核心，也是当今世界各国普遍承认的最重要的刑事法原则。现代刑法上一般认为罪刑法定原则的基本含义是“法无明文规定不为罪（nullum crimen Sine lege），法无明文规定不处罚（nullum poena sinelege）”，即法律没有明确规定为犯罪行为的，不得定罪处罚。具体包括：（1）法定化，犯罪和刑罚必须由法律作出明文规定，这就排除了习惯或者法官的自由擅断；（2）实定化，即对什么行为是犯罪以及犯罪所产生的具体法律后果，都必须作出实体化的规定；（3）明确化，即刑法条文必须清楚明确，使公民能够准确了解违法行为的内容，准确确定罪与非罪的范围。[1] 依据罪刑法定原则，刑罚权的发动受到限制并必须严格依照刑法明文规定，禁止类推解释，刑罚的调控范围由开放式走向封闭式。正如学者梁根林所言，罪刑法定原则是一种为了保障公民的法自由与法安全而设立的安全机制，它不仅具有排斥法官造法的限制机能，同时也使得受其制约的现代刑法文本成为一个体现刑罚权制约与自我制约双重机制的封闭的规则体系。[2]

我国民法主要有以下几个基本原则：平等原则、自愿原则、等价有偿原则、诚实信用原则、公序良俗原则。其中，诚实信用原则被认为是调整民事关系的“帝王条款”，基本含义有二：一，民事主体在从事民事活动时，应当诚实不欺，恪守诺言，注重信用，要以善意的方式行使权利和履行义务；二，法官在实践中遇有法律规定的不足，可以依据诚实信用原则公平合理地处理纠纷。尽管从具体内容上看，诚实信用原则的含义很抽

---

[1] 刘宪权：《中国刑法理论前沿问题研究》，人民出版社 2005 年版，第 2～3 页。

[2] 梁根林：《罪刑法定视域中的刑法适用解释》，载《中国法学》2004 年第 3 期。

象，标准很模糊，但是在适用中，正是这种“模糊形式负载法律的灵活、简短、安全价值”，并“通过它对其他法律的结构成分运行的干预实现法律的正义价值，并实现其整合功能”。❶ 在这一原则指导下，当事人的权利范围和法官裁量的依据都具有了与社会生活的无限性相适应的开放性，民法文本的内容也具有了同样的特征。

（四）刑法的惩罚性和民法的纠正性

从法律效果角度来看，刑法与民法的明显差异表现在刑法的惩罚性和民法的纠正性上。这是由于公民的行为处于法律评价之下，法律通过赋予行为一定的法律效果来贯彻法治理念和制度。对于违反法律义务的行为，法律上的效果就表现为民事责任、行政责任或刑事责任。所谓民事责任，是指民事主体在民事活动中，因违反民法上的权利义务关系，实施了民事违法行为而承担的对其不利的民事法律后果或者基于法律特别规定而应承担的责任。在我国民法上，民事责任承担的方式主要包括：停止侵害、排除妨碍、消除危险、返还财产、恢复原状、赔偿损失、消除影响、恢复名誉、赔礼道歉等。这些责任的承担并不带有社会伦理上的评价，其中指向的行为和利益还存在可逆性，实施后还可通过资源的重新配置来弥补、恢复。可见，民事责任的落脚点在保护权利人的利益和纠正不合法行为的非法利益，达致利益的平衡和秩序的恢复。与之形成鲜明对比的是，“刑法通过设定规范，划定人们适用正当行为的自由空间并做到禁止、惩罚具有相当社会危害的行为，且坚持有罪必罚，无罪不罚，罪刑均衡，从而达到惩恶扬善，伸张法律正义和社会正义之目的”。❷ 刑事责任是国家动用刑罚权，依据刑事法律规定，对犯罪分子追究的法律责任。就其实现方式上来说，刑事责任包括刑罚与非刑罚处理方法等。其中刑罚是最常见的刑事责任承担方式，也是最严厉的制裁措施。从内容上来看，刑罚涉及行为人人

❶ 徐国栋：《民法基本原则解释》，中国政法大学出版社 1997 年版，第 354 页。

❷ 陈正云：《刑法的精神》，中国方正出版社 1999 年版，第 28 页。

身与财产等重大权益的限制或剥夺，一旦确定或实施，将使得行为人的财产利益受到损失，人身自由受到限制或剥夺，甚至生命被剥夺，还伴随着精神上的痛苦以及“犯罪”标签的耻辱，因此刑罚的实施后是不可逆转的。刑事责任的承担具有人身属性，强调罪责自负，承担者只能是持有故意或过失的心态而实施犯罪行为的人，而不能由他人代替。刑罚在本质上既是犯罪行为在刑法上的报应，也是保护法益目的之下一般预防与特殊预防的结果。[1] 总之，民事责任重在纠正民事违法行为，通过“事后”的利益补偿和复原，达到补偿被害人损失的目的，并使其恢复到没有受损害之前的同等状态；而刑事责任更具有严厉性、惩罚性，在内容上既包括“事后”的报应机能，又包括“事先”的预防机能。

刑事责任与民事责任之所以呈现出惩罚与纠正的不同特征与以下两个因素是密不可分的。其一，不同的部门法在价值上的侧重有差异。刑法以分配正义（justitia distributiva；austeilende erechtigkeit）作为指导原则，由国家作为主体在犯罪行为中的法律主体之间进行权利、义务、责任的分配，对犯罪行为进行否定性评价，施以“责难”为内容的责任。民法则以平均正义（justitia commutative；ausgleichende GereChtigkeit）为基本原理，民事关系中的双方之间地位是平等的，任何一方都不存有向另一方发起责难的权力，公平的“调整”问题是他们之间的焦点。现代侵权行为法虽有看似不同的发展，但仍是以损害赔偿以及公平的分散责任为基本内容的，不存在对加害人行为的道德责难。[2] 其二，法律责任性质的不同。与法律的公法、私法划分相类似，法律责任也可以分为公法责任与私法责任。刑事责任侧重对遭受损害公共利益进行防治，具有浓厚的道义性；民事责任则侧重对遭受损害个人权利和个人利益进行赔偿，具有强烈的功利性。因此，刑事责任以责难为核心进行惩罚，而民事责任以补偿为核心进行纠正。

---

[1] ［日］西原春夫：《民事责任和刑事责任》，转引自［日］曾根威彦：《刑法学基础》，黎宏译，法律出版社2005年版，第245页。

[2] 王泽鉴：《民法学说与判例研究》（第2册），中国政法大学出版社2005年版，第143页。

第三章 保障与规范：刑法与民法的相关性

刑法规范与民法规范虽各有独特性，但二者并非毫无关联、平行并存，相反，其间有各种脉络关联，这也是在法律发展史上，刑法与民法之间经历分分合合的原因。寻求二者之间在具体法规范以及法秩序原则上的关联性是理论研究中的重要内容；并且，发现这种共通性、关联性，并以系统、概括的方式将之表现出来，是法学的重要任务之一。[1] 通过对两者之间相关性的分析，有利于理解和把握两者之间的共同性、依存性和交错性。

第一节 保障性：刑法之于民法

依据法国资产阶级启蒙思想家卢梭（Rousseau）的观点：刑法是其他一切法律的制裁力量。[2] 同一内容的义务，首先存在于其他法律分支中，并在相应的规则中得到确立，只有当该规则需要更为有力的认可或制裁，刑法才出现；也就是说，刑法并不创设新的义务，只是作为一种制裁力量，对其他法律中的权利义务给予更加充分的认可，尤其是当这些法律分支处于不成熟阶段，尚未形成充分有效的制裁规则时，刑法的制裁性质就

---

[1] ［德］卡尔．拉伦茨：《法学方法论》，陈爱娥译，商务印书馆2004年版，第316页。

[2] ［法］卢梭：《社会契约论》，何兆武译，商务印书馆2003年版，第70页。

更加突出地表现出来。

一、基本定位：刑法的保障性、后盾性

刑法作为一种制裁法，肩负着特殊的使命，对于严重危害社会的行为进行打击，以捍卫社会的基本秩序。“这也就是为什么每当社会利益受到危害时，即使在刑法仅仅是以其刑罚对其他法律给予支持时，规定宣告与适用制裁之条件的，仍然是刑法，并且只有刑法唯一决定这些条件。”❶ 刑法的使命还体现在刑法预防犯罪的功能发挥上。这种预防既包括通过刑罚的人身强制和心理效应对实施犯罪行为的人进行矫治，又包括通过刑罚的心理效应对没有犯罪的人进行威慑。没有考虑行为人个人具体的人身危险性、不采取“刑事司法个别化”策略，是无法实现刑罚矫治功能的；没有以限制或剥夺自由、财产甚至生命的惩罚，也是无法威慑潜在的犯罪行为人的。刑法的这种特殊使命，以及围绕使命的完成而设立的各种制度，就成就了刑法的个性，“在改变刑法的适用范围的同时，只能进一步强化刑法相对于其他法律分支的独特性与独立地位”。

刑法也是作为其他法律背后的独立法律而存在。在其他社会调控方法和法律调整方法可以起到作用时，刑法不轻易展示它的权威和强力，所以刑法是在其他法律功能和作用的发挥不足以应对行为的严重性时而存在的。有的学者将之视为刑法的“保障性”，并认为其与“刑法是其他法律的后盾”是基本同义，指向的是刑法“保证其他法律得以贯彻实施”的功能。“从社会规范对社会生活调整的层面来看，首先是道德调整，道德的要求相对较高；其次是除刑法以外的法律的调整，法律是国家向公民所提出的最基本的行为准则要求；再次是刑法的调整，刑法是维护社会秩序的最后一道防线。”❷ 也有学者认为，“刑法可以说是其他部门法的保护法，

---

❶ ［美］卡斯东·斯特法尼等：《法国刑法总论精义》，罗结珍译，中国政法大学出版社1998年版，第39页。

❷ 张小虎：《刑法的基本概念》，北京大学出版社2004年版，第54～55页。

没有刑法作为后盾和保证，其他部门法可以说很难得到彻底的贯彻实施。就惩治违法行为而言，其他部门法可以说是‘第一道防线’，刑法则充任‘第二道防线’的角色”。[1] 张明楷教授在对刑法史进行研究后认为，刑法的地位是历史性的，是不断发展的，自产生后经历了由全面法发展为部门法再到保障法的过程。其一，古代刑法处于全面法的阶段。古代刑法具有这种定位的原因，“除了经济基础、法与礼的关系等原因外，还有一个重要原因是，类似现代的一般部门法的制裁措施，在那里不具有明显的惩罚作用或者难以施行，不得不用具有明显的惩罚作用的刑罚去处理各种有害行为”。其二，当刑法继续发展，所处的环境也发生了很大变化，社会不断进步，经济基础继续发展，社会关系也呈现出日益复杂的状况，与之相适应的，法律也发生了变化，“许多法律从刑法中独立出去，使刑法成为诸多法律中的一种，即成为一个部门法。”在部门法发展的初期，刑法也未能自然获得补充性的地位，此时，“立法者在规定对某种行为的制裁时，不一定事先考虑用刑法以外的法律给予制裁，而是根据某种规则，机械地认为一部分行为由刑法处理，一部分行为由其他法律处理”。但是，也应该看到，在部门法分立下的刑法发展也体现了历史的进步，这是由于“作为部门法的刑法使刑罚的处罚范围变窄了，使公民的自由范围扩大了”。其三，经过充分发展后，刑法从部门法发展为保障法，不得不说这又是历史的一大进步。表现在，凡是能够用其他法律处理的，就用其他法律处理，只有在其他法律不能处理或处理无效时，才用刑法处理。这样，刑罚的适用范围就大大缩小了，公民的自由范围更加扩大了。于是，从法律体系来看，不仅整体制裁措施越来越轻，而且严厉措施的适用范围越来越小，这正是法律的发展趋势。所以，现代刑法在法律体系中处于保障法的地位，不仅是理论分析的当然结论，也是历史发展的必然结果。[2]

国外有学者对刑法的补充性和保障性进行了区别，认为二者所指并不

---

[1] 赵秉志：《刑法新教程》，中国人民大学出版社 2001 年版，第 12 页。

[2] 张明楷：《论刑法在法律体系中的地位》，载《法学研究》1994 年第 2 期。

是同一内容。韩国学者李在祥认为，刑法的补充性指向的是“在无法依其他手段保护社会生活不可缺之法益时，要求刑法作为最后的手段来适用。此可谓刑法的补充性原则”；而刑法的保障性更多是从刑法的功能方面加以描述的，“刑法具有保障性功能。刑法的保障性功能是指由刑法明确刑罚权之界限以防止恣意刑罚来保障公民的自由和权利之功能”。❶ 在这种用语环境中，就将“刑法的保障性”完全限制在刑法功能的范畴内加以使用。这里我们仍然使用保障性的说法，是将刑法与其他部门法层面上讨论的“保障性”与刑法社会功能中的“保障性”以及我们耳熟能详的刑法保障人权和惩罚犯罪两大功能中的“保障”相区别的。

在一定意义上说，刑法的补充性、后盾性的用语符合刑法的谦抑性，更能够避免模棱两可的意思表达。“在谦抑的思想之下，刑法具有补充性、不完全性、宽容性的特征。首先，刑法只有在其他手段（民事制裁、习惯或道德制裁等）不充分的时候，才能发动（刑法的补充性）。”“刑法对于法益，常作第二次保护，故为制裁法规，又其保护法益，往往以禁止法规为基础，由是可见刑法与他种法律间关系之密切。”❷ 关于刑法的后盾性，基本上不存在争议。刑法外的其他法律学科各自有确定的调整范围，在调整范围内确立各自的权利和义务内容，但是对各自领域内的不法行为进行惩罚后，仍然不充分的，则由刑法发挥功能进行进一步的威慑。

关于刑法所具有的“补充性”，也有学者提出了反对意见，并得出结论认为刑法的“独立性与从属性是相互矛盾的，不能说刑法既独立于其他一般部门法，又从属于其他一般部门法，二者是有你无我的关系”。这位学者采用的是从刑法上犯罪的分类角度进行一一分析论证，得出“刑法补充性”提法中存在的不足。刑法上的犯罪行为可以分为三类：第一类是自然犯，这类犯罪构成判断只需要借助于刑法规定即可，而不需要借助或参酌其他法规的相关规定。自然犯以故意伤害罪、故意杀人罪、强奸罪以及

---

❶ ［韩］李在祥：《韩国刑法总论》，韩相敦译，中国人民大学出版社 2005 年版，第 7 页。

❷ 韩中谟：《刑法原理》，中国政法大学出版社 2002 年版，第 9 页。

抢劫罪等为典型代表，这类犯罪的违法性容易被一般人认识，通常情况下不借助法律就可以认识到。第二类犯罪具有双重违法性，在构成犯罪行为的同时，在其他法律规范中也被视为“违法行为”。如盗窃行为、诈骗行为、故意伤害他人的行为、聚众斗殴的行为等在《中华人民共和国治安管理处罚法》（以下简称《治安管理处罚法》）中都有相关的规定，同时在刑法中也有可能构成盗窃罪、诈骗罪、故意伤害罪、聚众斗殴罪。第三类犯罪则在认定时必须借助于其他法律的规定。第三类犯罪是，行为在其他法律中已有规定，刑法上犯罪的认定必须借助于该刑法以外的其他法律。例如，走私行为既在《海关法》中有明确规定，同时，刑法中又有对走私行为以走私罪进行规制的规范，而对走私犯罪行为的认定，必须依照相关的海关监管法规来进行。就其范围上来说，所有的行政犯罪都是属于这种情况。接下来，就具体分析各种类别的犯罪行为中，刑法是否发挥了补偿性的作用。经分析得出，“针对第一种犯罪，无论如何是绝对不可能得出刑法具有补充性的结论的。相反，只能得出刑法具有独立性或者特殊性的结论；针对后两类犯罪，刑法则属于其他法规无效的情况下迫不得已才动用的，此时也无法得出刑法补充性的结论。相反，倒可以得出刑法是其他法规的后盾法的结论”。[1]

不得不说，这种以犯罪分类入手分析刑法性质的方法是很新颖的。但是，在分析过程中将“补充性”与“从属性”混为一谈是不可取的。从属性、隶属性与补充性是不同的，前者与“独立性”的性质相对，否定刑法的独立性性质，以至于呈现出的属性以依附性为主；而后者是与“完整性”相对，不承认刑法的否定评价功能是完整的，而应该作为其他法律否定评价不完整部分的补充，是在其他法律已经无法完全惩罚犯罪时求助于刑法，而刑法给予的最后救济手段。对此，陈兴良教授也作出了相应的解释，“只有在侵权行为法和行政处罚法不足以抗制犯罪的情况下，才能用刑法抗制。正是在这个意义上，刑法表现出谦抑性，这就是补充性。刑法

[1] 王明星：《刑法谦抑精神研究》，中国人民公安大学出版社 2005 年版，第 53 ~ 56 页。

的补充性并不是指在抗制犯罪上居于次要地位，而是指相对于侵权行为法与行政处罚法而言，刑法是抗制犯罪的最后手段”。[1] 刑法的后盾性与补充性的含义大致是相同的，都意在当某一行为为刑法和其他法律共同规制时，如果其他法律不足以应对严重的违法以至于这种严重的违法将破坏该法律法规的有效性、权威性，刑法就带着最强有力的国家强制性的刑罚出现，以维护前置法律和法律秩序的威严。

具体到刑法与民法中，二者也具有配合的必要性。正如王利明教授指出的，“尽管刑法调整的社会关系的范围是极为广泛的，然而，刑法只有在侵权法的配合下，才能有效地调整社会关系。对现实中大量的侵权行为，如果不能依据侵权法很好地解决侵权纠纷，则不仅有可能导致许多侵权行为最终酿成犯罪，危及社会秩序的稳定，而且也会使大量的侵权行为的受害人因难以寻求侵权赔偿的救济，而要求对加害人施刑法制裁，从而有可能将本不应该由刑法调整的关系纳入刑法调整”。[2] 的确，在现代社会生活和经济生活领域，私法自治和契约自由得到大力提倡，并强调应尽可能地排除国家公权力的进入，国家公法的干预仍然是以保护经济弱者为必要的最低限度。刑法是一部公法，当然不能随意介入私法自治的领域，但部门法的调整存在一个限度，超过限度就需动用更为严厉的调控手段和措施。民法对各种权利的保护有一定限度，如果超过民法保护的范围，就有必要动用刑法予以制裁保护。

二、制度表现：刑法对民法的补充性、保障性

刑法对民法的保障性和补充性，有两种立法形式：一是在民法规范中以附属刑法的形式，二是在刑法规范中以专门的条款对民法上已经确定的权利加以保障。

---

[1] 陈兴良：《刑法谦抑的价值蕴含》，载《现代法学》1996年第3期。

[2] 王利明：《侵权行为法规则原则》，中国政法大学出版社1992年版，第7~8页。

（一）民法规范中的附属刑法

其他法律部门与刑法之间是前置法与保障法的关系，最直接的表现就是附带规定在民法、经济法、行政法等非刑事法律中的罪刑规范，而且数量不可小觑。尤其是在旧刑法典公布后，先后出现过130余个附属刑法条文，它们或者原则性、笼统地规定对某种行为要“依法惩处”、“依法追究刑事责任”、“移交司法机关处理”；或者规定构成犯罪的严重情节；或者规定某种行为应按刑法分则的有关条文定罪，但不直接规定刑罚，而是依照刑法分则有关条文处罚；或者规定新的犯罪构成。这些内容也起到了完善刑法的作用。刑法与民法之间也不例外，在民事法律中多次出现“构成犯罪的，依法追究刑事责任”或“依照刑法的规定追究刑事责任”，这些成为法律条款中的固定语句被反复不断地使用。现行刑法颁布以后，吸收了这些附属刑法中的相关规定，原附属刑法规范都失去了法律效力。但是，在很多民商事法律中，仍然有“构成犯罪的，依法追究刑事责任”的条款。如2007年10月1日实施的《中华人民共和国物权法》（以下简称《物权法》）第38条规定：侵害物权，除承担民事责任外，违反行政管理规定的，依法承担行政责任；构成犯罪的，依法追究刑事责任。1999年10月1日实施的《中华人民共和国合同法》（以下简称《合同法》）第127条规定：工商行政管理部门和其他有关行政主管部门在各自的职权范围内，依照法律、行政法规的规定，对利用合同危害国家利益、社会公共利益的违法行为，负责监督处理；构成犯罪的，依法追究刑事责任。2001年4月28日修正的《中华人民共和国婚姻法》（以下简称《婚姻法》）第45条规定：对重婚的，对实施家庭暴力或虐待、遗弃家庭成员构成犯罪的，依法追究刑事责任。2005年修正并于2006年1月1日施行的《中华人民共和国公司法》（以下简称《公司法》）关于法律责任的规定有23条，“构成犯罪的，依法追究刑事责任”出现了19次，其中有的一个条文之中就出现两次。2005年修正并于2006年1月1日施行的《中华人民共和国证券法》（以下简称《证券法》）第231条规定：违反本法规定，构成犯罪的，依法追究刑事责任。在2002年10月28日修正的《中华人民共和国保险法》（以下简称《保险法》）中，关于法律责任的规定有15条，“构成犯罪的，依法追究刑事责任”出现了10次。

对于民法规范中的“依法追究刑事责任”、“移交司法机关处理”等条款，引起了民法和刑法理论学者们的关注，并各自从本学科角度进行思考和论证。刑法学者关注的多为这些条款能否归属于刑事责任条款的范畴或者能否成为刑法的渊源，由此形成了支持和否定的观点。否定论者认为，这些条款不能成为刑法的渊源，这是由于现行刑法颁布以后，民法等法律中的一些条款，“只是在形式上概括性地重申了刑法的相关内容”，起码缺少法定刑的规定，还不能形成一个完整的罪行规范，“没有对刑法作出解释、补充、修改等实质性规定。这些规定并非真正意义上的附属刑法”。❶也就是说，非刑事法律中未设置真正的罪行规范，不能成为刑法的渊源。在民法学者看来，这些条款关系到的是其存在于民法中是否具有科学性和必要性，而且大部分倾向于批判这些条款。如有学者认为，“构成犯罪的，依法追究刑事责任”等抽象或者模糊的规定，不涉及罪刑的完整规定，无法起到完善刑事立法方面的实际意义，也就不能在司法实践中适用，更难以起到界分罪与非罪的作用。❷ 2002年《中华人民共和国物权法（草案）》公布以后，其中的5个“构成犯罪的，依法追究刑事责任”条款引起了学者的关注，一些观点也见诸报端，如认为物权法规定了刑事责任。大部分民法学者对这种立法方式表示反对，如江平教授明确表示“这些内容不是民法应该规定的”，而且把刑事责任写进民法典的做法也是不符合国际通行做法的，“世界各国也没有一个在民法典里规定刑事责任”。❸ 还有的学者从“构成犯罪的，依法追究刑事责任”中的所依之“法”等进行了分析，认为这些条款在形式上看起来很严肃，但实际上不具有适用上的意义，只不过是一些“稻草人条款”，“即使违反物权法构成犯罪的，也不能

❶ 张明楷：《刑法学》，法律出版社2011年版，第21页。

❷ 李振华：《我国经济法规中的刑事责任条款浅探》，载《法学评论》1992年第3期。

❸ 廖卫华等：《国家利益不能无限制使用》，载《新京报》2005年7月3日。

依据物权法追究行为人的刑事责任”，并认为“构成犯罪的，依法追究刑事责任”在使用上已经过于频繁和泛滥，危害不浅，“实质是社会上某种标语文化在立法活动中的反映，实际上并不能提高法律的威信与效用，反倒会影响法律制度的内部协调和外在形象，降低立法文化的品位”。[1]

笔者认为，从语法上来说，“构成犯罪的，依法追究刑事责任”这一语句当无错误，否则慎重的立法起草者决不会直接使用这个语句。但是，从具体罪刑内容上来看，不得不说，该种条款不符合刑法罪刑法定原则中的“明确性”，还有的虽然罪状明晰，却无罚则内容，条款中规定的犯罪行为并不能直接适用条款追究刑事责任。简言之，这些条款对刑事责任制度的规定不完整，在私法适用上无法完全发挥作用。因此，民事法律中仅规定“构成犯罪的，依法追究刑事责任”，更多的是起到一种宣示作用，表明立法者要强调刑法制裁在民法调整领域的存在，以及刑法规定与民法中严重违法行为的照应。对于“构成犯罪的，依法追究刑事责任”的使用来说，确实不宜过于频繁，如果非要在民法等非刑事法律中宣示，可能采用单一条款集中规定的方式会更为科学。从历史沿革来看，虽然现有立法现状不那么令人满意，但是这一问题确实已经在立法过程中得到了关注，并在修改后的法律中采取减少宣示条款或集中至单一章节。如《公司法》和《证券法》过去在“法律责任”部分的各具体条款中分散加以规定，并使用“构成犯罪的，依法追究刑事责任”条款分别多达 19 次和 16 次，2005 年经全国人大常委会修订后，两部法律一改过去的做法，而在“法律责任”部分采取单一条款的方式进行集中规定。

（二）刑法对民事权利和义务的保护

同一内容的权利和义务，既可能是平等主体的个人之间关系的纽带，也可能是个人在国家运行空间内的权利和义务，如生命健康权的享有、不得伤害他人的生命健康，名誉权、不得毁损他人的名誉，等等。这些都是

---

[1] 陈趁：《“构成犯罪的，依法追究刑事责任”》，载《人民法院报》2005 年 8 月 10 日。

个人在民法上的权利或义务，也是对国家所负的刑法上的义务。若违反义务，则成为法律评价范围内的违法行为，当违法行为已经超越了民法，并具有严重的社会危害性，其他的法律制裁手段都不足以制裁该种违法行为而无法保护某种社会关系时，最严厉的制裁程序即被启动，采取刑事手段来匡扶社会正义。具体到刑民关系中，刑法的规定体现了对民法的保障性。这种属性首先体现在刑法本身的定位上，依据现行《刑法》第2条的规定，刑法的任务为利用刑罚“保护国有财产和劳动群众集体所有的财产，保护公民私人所有的财产，保护公民的人身权利、民主权利和其他权利”。《刑法》分则的法律规范则围绕严重侵害民法中相关权利以及危害社会秩序的行为设立了一系列罪名。民法的基本内容是调整平等主体之间的财产关系与人身关系，刑法对民法的具体保障也是从这两个方面展开的。

在财产关系方面，刑法对财产权或财产利益进行保护，主要包括物权、债权以及知识产权中的财产性内容等。刑法对财产权的保护比较周密，但是需要注意的是，刑法上的财产犯罪侵犯的法益不能简单地与民法上的所有权等财产权直接对应，而是存在本权说、占有说、法律的财产说等多种学说，在此本文并不详细展开。

刑法中对于财产权的刑法保护方面，采取了专章规定和分散规定两种方式。其一，刑法专章或专节规定了侵犯所有权、侵犯知识产权的犯罪。刑法分则第5章侵犯财产罪，加强对种种侵犯财产所有权行为的惩治。在侵犯财产罪一章中共规定了12种罪名：抢劫罪、盗窃罪、诈骗罪、抢夺罪、聚众哄抢罪、侵占罪、职务侵占罪、敲诈勒索罪、挪用资金罪、挪用特定款物罪、故意毁坏财物罪、破坏生产经营罪。现行刑法典在第3章中破坏社会主义市场经济秩序罪中以专节对知识产权犯罪作了集中、统一的规定，该节共设立了7个罪名。具体而言，在对专利权的刑事保护上，规定了假冒专利罪；在对商标权的刑事保护上，规定了假冒注册商标罪、销售假冒注册商标商品罪和非法制造、销售非法制造的注册商标标识罪3个罪名；在对商业秘密的刑事保护上，规定了侵犯商业秘密罪；在对著作权的刑事保护上，规定了侵犯著作权罪和销售侵权复制品罪两个罪名。其二，在财产权的刑法保护中，采用分散规定的典型是刑法对债权保护的相关规定，还有部分对侵犯财产所有权的犯罪也是采用分散规定模式。纵观我国刑法，与专章或专节规定了侵犯所有权、知识产权的犯罪不同的是，对债权的刑法保护没有作专门特别规定，只是在妨害对公司、企业的管理秩序罪、破坏金融管理秩序罪、妨害司法罪等章节中涉及对债权的刑法保护问题。具体包括：（1）妨害清算罪。该罪对公司、企业进行清算时，隐匿财产，对资产负债表或者财产清单作虚伪记载或者在未清偿债务前擅自分配公司、企业财产，严重损害债权人或者其他人利益的行为进行规制。（2）隐匿、故意销毁会计凭证、会计账簿、财务会计报告罪。该罪是《刑法修正案（一）》新增加的罪名，在一定程度上涵盖了侵害债权的行为。（3）虚假破产罪。该罪是《刑法修正案（六）》新增加的罪名，明确对公司、企业通过隐匿财产、承担虚构的债务或者以其他方法转移、处分财产，实施虚假破产，严重损害债权人或者其他人利益的行为予以刑法惩治。与妨害清算罪在行为上虽有相似之处，但是否进入清算程序是区分二罪的关键。（4）背信损害上市公司利益罪。该罪是《刑法修正案（六）》新增加的罪名，明确上市公司的董事、监事、高级管理人员违背对公司的忠实义务，利用职务便利，操纵上市公司，无正当理由放弃债权、承担债务的，致使上市公司利益遭受重大损失的，以犯罪惩处。（5）《刑法》第60条确定了民事赔偿优先的原则。该条规定，没收财产以前犯罪分子所负的正当债务，需要以没收的财产偿还的，经债权人请求，应当偿还。另外，为回应司法实践中“执行难”的困境，加大对债务人不履行义务行为的威慑力，在妨害司法罪中设立拒不执行判决、裁定罪，也间接起到了保护债权的作用。另外，在危害公共安全罪、破坏社会主义市场经济秩序罪、破坏环境资源保护罪、贪污贿赂罪和渎职罪各章中也分散规定了一些罪名，加强对侵犯财产所有权行为的惩治。如破坏社会主义市场经济秩序罪中8种金融诈骗罪的规定，贪污贿赂罪中侵犯国有财产所有权的贪污罪、私分国有资产罪、私分罚没财物罪以及侵犯国家财产使用权的挪用公款罪，以及渎职罪中国家机关工作人员滥用职权、玩忽职守或徇私舞弊而使国有资产遭受重大损失的，等等。

在人身关系方面，刑法对公民的人身权进行保护，“人身权包括人格权和身份权两大类，其中人格权包括生命权、身体权、健康权、姓名权、名称权、名誉权、肖像权等。身份权包括亲权、配偶权、荣誉权、亲属权等”。从刑法规范来看，对人身权的刑法保护，既有专章规定即第4章侵犯公民人身权利、财产权利的犯罪，又有分散于危害公共安全罪、破坏社会主义市场经济秩序罪、妨害社会管理秩序罪中的加重情节或量刑情节的相关规定。以生命权的刑法保护为例，在对生命权的刑法保护上，刑法禁止非法侵害他人的生命，设立了故意杀人罪、过失致人死亡罪、组织、利用会道门、邪教组织、利用迷信致人死亡罪等典型罪名。此外，在危害公共安全罪、破坏社会主义市场经济秩序罪、侵犯财产罪、妨害社会管理秩序罪、军人违反职责罪等相关罪名罪状中都有“致人死亡”的显性规定，或将致人死亡作为构成犯罪与否的条件，如交通肇事罪、重大责任事故罪就是将是否发生重大事故致人死亡作为成罪的定罪情节。据统计，共有8个条文中有此类规定；或将致人死亡作为法定刑升格的量刑情节。这种情形在刑法中较多，典型的如抢劫罪中的规定。据统计，共有21个条文中有此类规定；或将致人死亡作为性质转化的情节，如第247条刑讯逼供罪中的规定。据统计，共有5个条文中有此类规定。部分司法解释在对一些犯罪中的模糊型定罪量刑情节如“情节严重”、“情节特别严重”、“情节恶劣”、“情节特别恶劣”、“后果严重”、“后果特别严重”进行解释时，将“致人死亡”作为重要内容，这可谓隐性规定。通过此类规定，也加强了对生命权的刑法保护。

第二节　规范效应：民法之于刑法

刑法与民法是制约人们行为的重要社会规范，这种制约性规范在总体上是多重的、有层级的，就如同国家法律体系构造是多部门的。在法律部门之间，从规范调整的顺位上来说，民法是第一次性的，而刑法是第二次性的。[1]所谓民法的第一次性是指，对法律评价范围内的违法行为，民法进行的是第一次调整，就对社会关系的调整而言，民法的功能发挥相对于刑法而言处于最前沿的地位。刑法的第二次性就是指，刑法的调整对象是建立在民法等法规范已经过调整的基础上，即只有在使用民事的、经济的、行政的法律手段仍不能制止时，刑法才将其规定为犯罪。[2]刑法作为制裁法属于秩序的第二次法，就必须以民法这一第一次法为前置性措施，民法就体现出对刑法的规范性制约。这种规范效应主要体现在诸多民法因素对刑法中定罪量刑的重大影响上。当然，基于独立性与区分的思考，这种规范效应也有例外之处。

一、罪与非罪中的民事关系

1. 民法上的身份关系对犯罪成立的影响

英国学者梅因指出，在“人法”中所提到的一切形式的“身份”都起源于古代属于“家族”所有的权力和特权，在某种程度上，至今仍旧带有这种色彩。在刑事法律中，影响刑法评价的“身份”就主要是指亲属关系与婚姻关系中的身份。下面就以财产犯罪中的“亲属相犯”以及强奸犯罪中的婚姻关系为例，对刑法中民法的规范效应进行阐述。

（1）亲属关系阻却财产犯罪的成立或影响量刑

在现实生活中，亲属之间可能会发生一些侵财行为，如亲属相盗、亲属相抢、亲属相骗等行为，对这些行为是否要追究刑事责任、如何追究刑事责任，以及这种责任承担是否需要与普通的财产犯罪加以区别，都是刑法理论界需要关注的问题。

---

[1] ［英］哈特：《法律的概念》，李冠宜等译，法律出版社2006年版，第77页。

[2] ［日］宫本英修：《刑法大纲》，日本成文堂1984年发行，第30～31页。

在对两大法系进行比较考察后可以发现，对亲属间的财产犯罪加以特别规定，是法治发达国家的共同做法。这些规定的特殊内容主要表现在：一是，禁止对相关犯罪进行刑事追诉，如依据《法国刑法典》第311～312条，盗窃罪属下列情形的，不得引起刑事追诉：盗窃尊、卑直系亲属之财物；盗窃配偶之财物，但夫妻已分居或者允许分别居住之情况除外。[1]二是，将相关犯罪设置为亲告罪，即刑事程序的启动必须依赖于被害人或相关权利人的告诉，如《德国刑法典》第247条为专门的“家属成员间的盗窃”规定：盗窃或侵占家属、监护人、照料人的财物，或者被害人与行为人同居一室的，告诉乃论。[2]又如，依据英国的刑法规定，配偶之间虽然存在同居共财关系，也可能犯有盗窃共有财产之罪，但是必须经检察官的批准才能追诉。[3]三是，有些国家对亲属间的财产犯罪作了更加精细化的特别规定，典型的如《日本刑法典》中的亲属相盗规定：一方面，处理程序依据亲属关系的不同而表现出明显的差异，“直系血亲、配偶或者同居的亲属之间犯第三百二十条至第三百二十三条之罪或者这些罪的未遂罪的，告诉的才处理。”而直系亲属或者配偶之间，犯以上规定之罪的，可以免除处罚。[4]对于非亲属的共犯，则以上两项规定均不适用；另一方面，日本刑法对亲属间特别规定所针对的犯罪作了规定，具体包括：盗窃、加重盗窃、不法使用汽车等以及侵夺不动产，但是，不适用于抢劫罪以及毁坏财物的犯罪。[5]当然，亲属间相盗的特例也是各国囿于法律传统、风俗民情等本土资源在立法上所作的选择，在不同的历史时期可能会发生变化。美国普通法中就曾认为行为人和受害人之间的夫妻关系能够阻却盗窃罪的成立，即妻子不能被定盗窃她丈夫财产的罪，丈夫也不能被定盗窃其妻子财产的罪。但是，这种规则已经出现了松动，美国法学会《模范刑法典》第

---

[1] 罗结珍译：《法国刑法典》，中国人民公安大学出版社1991版，第105页。

[2] 徐久生、庄敬华译：《德国刑法典》，中国方正出版社2004年版，第120页。

[3] ［英］鲁珀特. 克罗斯、菲利普·A. 琼斯：《英国刑法导论》，赵秉志等译，中国人民大学出版社1991版，第204页。

[4] 张明楷译：《日本刑法典》，法律出版社2006年版，第207～209页。

[5] ［日］大谷实：《刑法各论》，黎宏译，法律出版社2003年版，第160页。

223.1 条（4）规定了“针对配偶的盗窃”：“行为人对其配偶进行盗窃的，不得作为抗辩事由。但动用家用物品、个人用品或配偶双方通常均可触及（accessible）的其他财产的行为，只有发生在双方分居后才构成盗窃。”❶另外，在美国刑法中，一个人接受原物主的配偶同意的财产就像接受原物主本人同意的财产一样。但是有个例外，即如果这个人（接收财产的人）是姘头（情夫或者情妇），并且知情的，则应定为盗窃罪。❷

在我国刑法中，并没有出现亲属相犯的任何规定，甚至整部刑法典中连“亲属”的字眼都未出现，只是在司法机关的权威司法解释以及司法判决中略有提及。在司法解释中对常见的亲属间盗窃、抢劫、抢夺等作出了特殊规定。这种规定最早见于 1984 年 11 月最高法院、最高检察院《关于当前办理盗窃案件中具体问题应用法律的若干问题的解答》中，第 4 条第 2 项规定：处理具体案件时，要注意具体分析，区别对待。……要把偷窃自己家里或者近亲属的，同在社会上作案的加以区别。亲属相犯“区别对待”的原则确立。至 1985 年 3 月最高检察院作出更加详细、可操作的规定，《关于在办理盗窃案件中如何理解和处理盗窃“自家”或“近亲属”财物问题的批复》指出：偷窃近亲属的财物，应包括偷窃已分居生活的近亲属的财物；偷窃自己家里的财物，既包括偷窃共同生活的近亲属的财物，也包括偷窃共同生活的其他非近亲属的财物。对此类案件，一般可不按犯罪处理；对确有追究刑事责任必要的，在处理时也应同在社会上作案的有所区别。1992 年 12 月 11 日最高法院、最高检察院《关于当前办理盗窃案件中具体问题应用法律的若干问题的解释》第 1 条第 5 项规定：盗窃自己家里的财物或者近亲属的财物一般可不按犯罪处理；对确有追究刑事责任必要的，在处理时也应同在社会上作案有所区别。1998 年 3 月 17 日最高法院《关于审理盗窃案件具体应用法律若干问题的解释》第 1 条第 4 项规定：偷拿自己家的财物或者近亲属的财物，一般可不按犯罪处理；对

❶ 刘仁文等译：《模范刑法典及其评注》，法律出版社 2005 年版，第 159 页。

❷ 储槐植：《美国刑法》，北京大学出版社 1996 年版，第 282 页。

确有追究刑事责任必要的，处罚时也应与社会上作案的有所区别。2005年6月8日最高法院《关于审理抢劫、抢夺刑事案件适用法律若干问题的意见》第7条规定：为个人使用，以暴力、胁迫等手段取得家庭成员或近亲属财产的，一般不以抢劫罪定罪处罚，构成其他犯罪的，依照刑法的相关规定处理；教唆或者伙同他人采取暴力、胁迫等手段劫取家庭成员或近亲属财产的，可以抢劫罪定罪处罚。上述司法解释的精神也被贯彻到一系列典型案件的裁判中，如最高法院发布的文某被控盗窃案和包胜芹等故意伤害、抢劫案。

以刑法视野观之，亲属相犯的行为与普通公民之间的相犯行为并不存在本质上的区别，尤其是仍无法摆脱犯罪的基本特征：社会危害性、刑事违法性和应受刑法惩罚性。那么何以对亲属相犯作出特殊规定呢？大陆法系国家的刑法学者主要持有以下几种观点：一是可罚的违法性阻却事由说。根据这种观点，与社会普通公民之间的关系相比，具有亲属关系的公民之间具有更加紧密的联系，甚至形成或疏或密的消费共同体，这种联系就直接决定了相互之间对财物所有或占有的侵犯具有不被视为违法的理由。再加上无论是在事实上还是理念上来说，亲属之间对财物的占有或所有本就具有一定的模糊性。因此，亲属相盗使盗窃行为的违法性减少，结果就达不到盗窃罪所要求的可罚的违法性的程度。二是责任阻却事由说。此观点认为亲属相盗因无期待可能性而阻却责任，这是由于家庭内部成员之间已形成一种共同体，成员个人缺乏特有财产的意识，则要求家庭成员不拿亲属的财物是不可能的，也就是说，不能期待亲属间不相互进行盗窃。三是人的处罚阻却事由说。此种观点认为，以刑法观之，亲属相犯符合相关犯罪的构成要件，但基于“法律不进入家庭”这一政策的考虑，对亲属相犯作为一种人的身份上的处罚阻却事由，从而进行特殊规定，即亲属间犯财产罪时，国家不积极干预，交由亲属间自己处理，这对维持亲属间的关系和家庭内部的秩序有利。[1]的确，亲属相犯的行为不能抹杀犯罪的

[1] 刘明祥：《财产罪比较研究》，中国政法大学出版社2001年版，第201~202页。

本质，而实践中区别对待的做法需要从超刑法法规的阻却事由角度去寻找答案。亲属相犯一般发生于具有血亲或姻亲关系的特殊人群之间，这些亲属关系在我国充满“熟人关系”的乡土社会中有深刻的影响，必定与陌生环境中一般人与人之间的关系表现出明显的不同。据此，一方面，就亲属之间的财产关系上来说，依据民法的规定，亲属之间既涉及静态的对共有财产的占有、使用、收益、处分的权利，又涉及动态的流转关系，可能发生于生产、交换、分配、消费的过程中、并频繁发生，所以在财产的所有、占有关系上不明确，界限比较模糊。在这些特殊的财产关系中，行为人的违法性认识可能比在普通社会公民之间时要低得多。另一方面，就纠纷解决方式的选择上来说，行为人与受害人之间往往存有婚姻关系、亲缘关系、家庭关系、监护关系等亲属关系，受害人一般会基于这种亲密关系而对行为人的侵犯有较高的容忍度，更不希望亲属因此承担刑事责任或受到刑罚的追究。此时，国家权力的积极行使不仅会给行为人及其家庭带来消极影响，更有可能将受害人陷于不仁不义等消极境地，对于家庭和谐和社会秩序反而不利。相比之下，行为人更愿意将这些事情视为家庭内部事务来加以处理。从而，亲属关系就成为罪与非罪、量刑高低的因素，也就体现出了民法的规范效应。

从立法理论上来讲，刑法中离不开“亲属”概念以及对亲属相犯的制度性规定，这是学者们已经达成的共识。回视我国刑法，“亲属”成为刻意回避的字眼，亲属相犯更是缺乏相关规定，只有在司法解释中存有原则性和概括性规定。因此，应厘清亲属相犯、并加以恰当地界定。其一，所“犯”罪行的范围。已有的司法解释中，盗窃和抢劫两种犯罪的适用已经得到明确，对于不采取暴力手段、不侵犯人身权的财产犯罪，如侵占、诈骗，可以纳入亲属相犯的范围。其二，亲属相犯之“亲属”范围。从字面含义来看，亲属即“以血缘、婚姻和收养等关系联系起来的人们。主要包括配偶、直系血亲、旁系血亲、直系姻亲、旁系姻亲以及有收养关系的人们。”[1]在不同的部门法律中，基于不同的立法目的，对亲属的范围作了不同的界定。如《民法通则》中的近亲属包括配偶、父母、子女、兄弟姐妹、祖父母、外祖父母、孙子女与外孙子女。刑事诉讼法中的近亲属，是指夫、妻、父母、子、女、同胞兄弟姊妹。行政诉讼法中的近亲属，除了“配偶、父母、子女、兄弟姐妹、祖父母、外祖父母、孙子女、外孙子女”外，还包括“其他具有抚养、赡养关系的亲属”。至于亲属相犯中的“亲属”，已有的司法解释中主要将其界定为“家庭成员或近亲属”。应该说，这种界定是具有相当的合理性的。在民法的规范效应下，刑法中“亲属”相犯的范围应以民法中的规定为参照，即不仅包括民法中的近亲属，还应包括其他具有抚养、赡养关系的亲属。尤其是其他亲属中存在共同生活关系时，应纳入亲属的范畴；近亲属之间则由于固有的亲密关系，不必以共同居住为要件。

（2）婚姻关系阻却强奸罪的成立

婚姻关系阻却强奸罪成立的主要表现是对“婚内强制性行为”的法律评价。“婚内强制性行为”是社会发展中长期而普遍存在的客观现实。但是，对这种行为冠以“婚内强奸”、并成为犯罪学、刑法学的讨论对象，则是近代的事情。尤其是随着世界范围内人权意识、平等观念的发展、女权主义的兴起，婚内强奸更加进入社会关注的领域。当然，由于各国法律传统和现代法治理念存在交织与碰撞，关于“婚内强奸”的理论尽显出百家齐放的姿态。

长期以来，婚内强奸在刑法中的罪与非罪、此罪与彼罪，理论与实务界的法律人均各持己见、相持不下，主要有否定说、肯定说、他罪说和两罪说四种观点。依据否定说，婚姻关系存续期间，不能将这种“强制性行为”评价为刑法上的强奸犯罪。理由在于：“强奸”一词中的“奸”带有明显的贬义，而在合法的婚姻关系中是不存在“奸”的，妻子同意结婚的行为即是对性生活的承诺，也就赋予了丈夫相应的豁免权，相反地，如果

---

[1] 蒋广学、朱剑：《世界文化词典》，湖南出版社1990年版，第407页。

不承认这种权利的存在，易使妻子动辄以婚内强奸罪相威胁，则丈夫容易处于恐慌状态；婚内强奸的危害性与社会上一般的强奸罪存在区别，尚未达到承担刑事责任的程度。肯定说认为某些婚内强制性行为构成强奸罪，主要限定于两种情形：一是，双方尚未形成或已不存在实质的婚姻关系的，如双方虽已登记结婚，但尚未按照当地风俗习惯举行婚礼或同居，女方提出离婚的，又如，一审法院已经判决离婚的；二是，婚内强制性行为具有严重情节的，如丈夫采用严重伤害妻子身体的暴力行为，且造成了严重危害后果的。[1]依据他罪说的观点，"婚内强奸"说法本身就是不成立的，"奸"本是"私通；淫乱"，婚内"有强无奸"。因此，对于婚内强制性行为不能以强奸罪论处，若认为其构成犯罪，也须另立罪名。[2]另有学者认为，所谓的婚内强奸属于道德领域谴责的对象，法律不能据此横加干涉，但是，对于以暴力或胁迫手段强行与妻子发生性关系的行为，可视丈夫具体行为造成的实际损害，以杀人、伤害、侮辱或虐待等相关罪名定罪处罚。依据两罪说的观点，婚内强奸行为的刑法评价不应一刀切，宜具体问题具体分析，构成强奸罪或虐待罪。如果在夫妻长期分居期间，丈夫强行与妻子发生性关系；或者在夫妻离婚诉讼过程中，夫妻已经分居，丈夫强行与妻子发生性关系等，应当认定构成强奸罪。如果夫妻双方在并非处于办理离婚期间或分居期间，丈夫以暴力强迫妻子与其发生性关系，可以按照虐待罪处理，而不能认定为强奸罪。[3]在最高人民法院公布的典型案例中，白俊峰强奸案（无罪）和王卫明强奸案（有罪）似乎表明我国司法实践中采取的是一种折中的立场。最高人民法院在白俊峰强奸案（无罪）的法律分析中认为，关于丈夫强奸妻子能否构成强奸罪，我国刑法没作规定。在国外，某些国家的刑事立法明确规定，丈夫强奸妻子的不构成犯罪。我国由于地域辽阔、民族众多，不能简单地确定行为为罪或者不为罪。对丈夫强奸妻子案件的审理，应该依据刑法和婚姻法等有关法律规

---

[1] 何懿甫：《配偶权与婚内强奸》，载于《法律适用》2001 年第 4 期，第 54 页。

[2] 陈兴良：《刑事法判解》（第 4 卷），法律出版社 2001 年版，第 4 页。

[3] 王利明：《婚姻法修改中的若干问题》，载于《法学》2001 年第 3 期，第 59 页。

定，区分不同的婚姻状况以及行为人的暴力方式、方法，造成的危害后果等具体事实、情节，分别依法处理。其中，有的行为可以构成强奸罪，有的不构成强奸罪但可能构成其他相关的犯罪。[1]据此，最高裁判机关对婚内强奸的司法处理形成了基本的规则，即强奸罪是否成立取决于强制性行为是否发生于婚姻关系的正常存续期间：在婚姻关系正常存续期间，丈夫不可能构成强奸罪；在婚姻关系非正常存续期间，丈夫则可能构成强奸罪。

无论是否定说、肯定说、两罪说抑或他罪说，都无法相当圆满地解决实践中的所有问题，但这些观点无疑都是在人权观念、平等观念和性观念的演进与进步中不断发展与完善起来的，只是基于不同的立场对同一问题作出了不同的回答。以刑法与民法的关系视之，可以从中发现民法对刑法规范效应的存在。夫妻间的权利义务关系是民事法律中婚姻法的重要内容，虽然婚姻法中并未直接规定夫妻间的同居权利义务，但无论在社会事实或法律视野中，夫妻间的特定人身关系和财产关系因婚姻而产生，这是无法否定的。由于婚姻是一种双方合意的民事契约，同居权利义务应为夫妻之间特定人身关系的基本内容。男女双方自愿合法的婚姻，就意味着双方同意同居。因此，夫妻关系的事实就构成阻却强奸罪成立的事由。从而体现出民法中相关因素对刑法中行为罪与非罪的影响。

2. 民法规定对刑法中不作为义务判定的限制

刑法理论中，多种多样表现方式的行为可以划分为两种基本的类型，不作为就是其中之一。不作为指的是负有特定义务的行为人在能够履行该义务的情况下不履行该义务，而带来刑法否定评价的危害行为。不作为犯罪的成立条件一直都是刑法学者关注的问题之一，其中除了必须具备犯罪的客体要件、主体要件、主观要件之外，在客观方面还必须具备三个条件，即行为人负有防止危害结果发生的特定义务、行为人具有防止危害结果发生的现实可能性、行为人不履行特定义务造成或可能造成危害结果。

[1] 《白俊峰强奸案——丈夫强奸妻子的行为应如何定罪》，载《刑事审判参考》1999 年第 3 辑。

但是，如何理解成立不作为犯的作为义务前提，作为义务的范围有多大，这是关系到判定行为是否构成犯罪的重要因素，对于合理处理不作为犯罪案件具有重要意义。

不作为中作为义务的产生根据是中外刑法学者共同关注的范畴，并经历了一个从形式的作为义务理论到实质的作为义务理论再到形式与实质相统一的作为义务理论的演变过程。形式的作为义务论，是以法律、契约等刑法以外的事由作为义务来源，并主要采用列举方法加以阐明。费尔巴哈（Feuerbach）是较早的形式作为义务说的倡导者，他还认为先行行为由于其在性质上是以事实的各种关系为前提，因此不能作为义务的根据。斯鸠贝尔（Stubel）则持有不同的观点，认为先行行为可以作为义务发生的根据。这种形式的作为义务说后来一直在德、日刑法学中占统治地位。我国也有诸多学者对形式的作为义务论进行了阐述，如学者黎宏认为“从来，关于作为义务的发生根据，一般都是列举法令、法律行为及先行行为等，这在理论上被称为作为义务的形式的方法论或形式的三分说。其主要特征是：使所谓作为义务这样一种发生法律效果的要件，其根据总是在法规，即法源中去寻找。”[1]自20世纪60年代以来，学者们开始对形式的义务理论展开反思，认为其在阐明作为义务中所使用的列举方法难免存在挂一漏万之嫌，并且不能从实质上说明这些义务来源的范围，不能说明处罚不作为犯罪的实质根据。[2]转而对作为义务的来源进行实质化探讨。许多学者确认不作为犯作为义务的实质根据主要从两个方面加以展开：一是从行为人与被害人之间的特殊关系出发，比较有影响的学说有四个：较密切的社会关系说、依赖关系说和信赖关系说、功能说，以及公共福祉和社会角色说；二是从行为人与危害结果之间的关系出发，主要观点有四个：支配说、先行行为说、事实的承担说和具体的事实支配关系说。实质的作为义务理论也有其自身的弊端，如仅从实质上寻找作为义务的产生根据，容易

[1] 黎宏：《不作为犯研究》，武汉大学出版社1997年版，第122～123页。

[2] 张明楷：《刑法格言的展开》，法律出版社1999年版，第143页。

忽视作为义务产生的形式来源，特别是不强调法律对作为义务产生的重要意义，也就隐藏着破坏罪刑法定的巨大危险。于是，近些年来，我国一些刑法学者开始探索从形式与实质相统一的角度研究作为义务的来源。主要有三种观点：事实性因素与规范性因素统一说、形式要素与实质要素统一说和法哲学根据、规范渊源根据与事实根据统一说。目前，我国刑法理论中关于作为义务这一不作为构成的核心要素的研究呈现出的具体观点有："三来源说"（包括法律上的明文规定；职务或业务上的要求；行为人先前的行为）、"四来源说"（包括法律明文规定的作为义务；职务或者业务要求的作为义务；法律行为引起的义务；先行行为引起的作为义务）、"五来源说"（包括法律上的明文规定；职务和业务上的要求；行为人的先行行为；自愿承担的某种特定义务；在特殊场合下，公共秩序和社会公德要求履行的特定义务）。

笔者认为，在界定不作为的作为义务根据前，必须首先厘清"义务"的含义。依据学者张恒山的观点，东西方学者对"义务"概念存有不同的理解：西方学者倾向于认为义务就是"应当"，说明主体与某种行为之间存在着的紧密联系，也就是说纯粹在主观的、精神的领域来理解"义务"；中国学者则一般将义务理解为"应当的行为"，包含两个要素："应当的"与"做某事"。[1]义务的产生根据可以从表象和实质两个层次加以考察。"义务是社会成员们为了防止侵害、而通过表现着自己的预约性意见的行为规则、向实践中的行为主体提出的、以预设的条件得到实现为前提的、关于做或不做某种行为的要求。当我们说某人负有某项义务时，意思是说，该主体处于被社会群体要求（做或不做某行为）的状态中。"[2]在刑法理论和实践中，理解不作为的作为义务根据，应注意以下几个方面：其一，作为义务是否包括道德上的义务？作为义务理论的探讨中，诸多学者将道德义务作为义务的来源。如，在日本，不真正不作为犯的作为义务包括"从公

---

[1] 张恒山：《义务先定论》，山东人民出版社1999年版，第50页。

[2] 张恒山：《法理要论》，北京大学出版社2002年版，第337页。

共秩序、良好习俗出发的作为义务”，[1] 我国学者马克昌教授也将“在特殊场合下，公共秩序和社会公德要求履行的特定义务”视为作为义务的来源之一。[2]这种观点的最大误区在于混淆了法律与道德的界限。道德是人们在长期的社会生活中形成的、以社会舆论和普通信念加以保障的，违反道德只会受到舆论上的谴责，而不会产生任何法律后果。而法律则是具有国家强制力的行为规则，一旦违反，行为人必将承担法律后果。在刑法的不作为犯罪中，行为人怠于履行作为义务将产生刑法上的否定评价。因此，为保证评价标准与评价结果的一致性，刑法上作为义务也必须是法定的义务。其二，该义务必须与刑法上的法律评价相联系，即法律后果具有刑事强制性。行为人违反法律义务，可能会受到民事、刑事、经济、行政的否定性评价，因此，并非一切违反作为的法律义务都会进入刑事法律的调整范围。作为刑法中的行为类型之一，不作为应从刑事法律意义上进行判断，否则无异于混淆各部门法之间的界限。其三，关于现行行为能否成为作为义务来源。自从德国刑法学者斯鸠贝尔（Stubel）、鲁登（Luden）和奥地利刑法学者格拉瑟（Glaser）提出先行行为后，至今已有一百多年的历史，其存在已经成为不容置疑的事实。从其理论基础上说，主要是因果论。但是，依据因果论，其逻辑应该是“因为你的行为侵害法益，所以你应该受处罚。”而前行为保证人地位法理依据的因果公式却是“因为你的行为造成侵害法益的危险，所以你有防止法益受侵害的义务，如果你违反义务不防止法益受侵害，则你应该受处罚。”换句话说，行为人未因法益侵害直接得到处罚，而是“拟制成法益受到两次侵害，甚至是有两个法益受到侵害，而给予行为人双重处罚。”[3]这种制裁方式路径有违法理。笔者建议，将作为或不作为纳入量刑考虑的范围，在定罪时暂不考虑，以寻求适当的解决之道。

---

[1] 木村龟二：《刑法学词典》，顾肖荣、郑树周译，上海翻译出版公司1991年版，第143页。

[2] 马克昌：《犯罪通论》，武汉大学出版社2000年版，第143页。

[3] 段凤丽、李金明：《不作为犯罪的作为义务来源新论》，载《国家检察官学院学报》2004年第5期。

在以上确定不作为义务根据的过程中，民法规范构成法律明文规定义务的重要内容。如父母对子女在民法和婚姻法上有扶养义务。以遗弃罪为例，遗弃罪，是指行为人对于年老、年幼、患病或者其他没有独立生活能力的人，负有扶养义务而拒绝扶养的行为。遗弃罪具有身份犯的典型特征，而且是真正身份犯：行为主体与行为对象之间必须存在特殊的身份关系，即有抚养义务的成员；反之，在不存在抚养义务的成员之间则不可能成立该罪。当然，关于成立“抚养义务”的成员范围在法律规范中并无明确的规定，我国刑法及司法解释均未作出具体的说明或补充。那么该如何判定是否具有“抚养义务”呢？这就需要借助民法的规定。我国婚姻法规定了直系血亲、配偶以及拟制血亲（如继子女、养子女与继父母、养父母）等家庭成员之间的相互扶养义务。他们可以成为遗弃罪的犯罪主体。这就出现了刑法上不作为犯的作为义务受制于民法规定的现象，德国夏夫史坦因教授称之为“刑法的民事化”，足以表现民法在刑法中的规范效应。

二、此罪与彼罪中的民事关系

1. 物权归属情况对此罪与彼罪的影响

通常情况下，对于他人的财物应予以尊重，不得随意侵害。国家通过各种法律手段保护公私财产权，包括民法、行政法、刑法等。民法与刑法中均存在关于财物权属的制度，只是刑法制度以惩罚不法行为人的禁止行为为中心，不法行为是否侵犯财物的权属直接关系到刑事案件的定性。民法则以财物的权属确认为任务，从而直接保护权利人的合法权利。这就彰显了民法对刑法的规范作用。

刑法在“侵犯财产罪”一章中，规定了抢劫罪、盗窃罪、诈骗罪、抢夺罪、聚众哄抢罪、敲诈勒索罪和故意毁坏公私财物罪，都明确规定以“他人财物”为犯罪对象。从被害人的视角来看，“刑法是在一个人能力无法防止他人对财产的侵害时，才把他人行为规定为犯罪而加以处罚。像盗窃、强盗、抢夺、恐吓、诈欺等，几乎都是在一个人能力无法防止他人对财产侵害时，才将之规定为犯罪，科以刑罚。”[1]换句话说，侵犯财产犯罪中，行为人实施犯罪的对象都是他人的财物。如侵占是指将代为保管的他人财物或者他人的遗忘物、埋藏物非法占为己有，拒不交还。侵占的犯罪对象有两种类型：一是保管物，二是特定物，即遗忘物和埋藏物侵占。[2]无论哪种类型，所侵占的财物必须是他人的。财物如果不属于任何人所有，如抛弃物，不能成为侵犯财产罪的对象；如果为自己所有，原则上同样也不能成为侵犯财产罪的对象，却有可能构成其他犯罪。在这一情形下，财物的权属情况成为区分此罪与彼罪的重要因素。又如，比较盗伐林木罪与滥伐林木罪，前者砍伐的对象是不属于行为人的林木，而后者则以林木属于行为人所有为前提。擅自砍伐他人所有的林木的，成立盗伐林木罪；擅自砍伐自己所有的林木的，成立滥伐林木罪。由此，林木权属成为区分盗伐林木罪与滥伐林木罪的关键。

从广义上来说，我国刑法中的财产犯罪体系还包括挪用型犯罪、贪污犯罪等，这些财产犯罪中的权属情况也直接关系到此罪与彼罪的判断。在我国，贪污犯罪中行为对象必须是公共财物，包括“国有财产、劳动群众集体所有的财产、用于扶贫和其他公益事业的社会捐助或者专项基金的财产”，以及“在国家机关、国有公司、企业、集体企业和人民团体管理、使用或者运输中的私人财产”，而非公民私人所有的财物。[3]而在受贿罪、非国家工作人员受贿罪中，尽管犯罪对象也具有一定的职务相关性，但行为人索取或者非法收受的必定是他人财物。因此，从财物的权属角度，能将两者进行区分。我国的挪用型犯罪包括挪用资金罪、挪用公款罪等罪名。前者置入财产犯罪体系之中，行为对象是单位资金，后者归入贪污贿赂罪一章，行为对象是公款，包括用于救灾、抢险、防汛、优抚、扶贫、移民、救济款物。可见，财物的归属能够影响到此罪与彼罪。

当然，随着我国社会的不断发展和向前推进，经济体制逐步从计划经

---

[1] 甘添贵：《刑法之重要理念》，瑞兴图书股份有限公司 1996 年版，第 344～345 页。

[2] 曲新久：《刑法学》，中国政法大学出版社 2006 年版，第 264～265 页。

[3] 张明楷：《刑法学》，法律出版社 2012 年版，第 1047 页。

济向社会主义市场经济过渡，经济环境发生着巨大变化，主要表现在：经济形态由“相对静态”到“频繁交易”；价值目标由“归属”到“利用”；利益实现由“自主管理”到“价值支配”。[1]于是，财产关系更加复杂，之前以财产所有权为单纯保护对象的制度不再具有普适性。尤其是财物的经济价值更多的表现为“利用”，占有与所有相分离的现象更加普遍，物权又可细分为自物权（如所有权）与他物权（如担保物权），刑法对于财产犯罪行为的着眼点就具有了复杂性。德国、日本等国家的刑法学说在财产犯罪的保护法益进行了激烈的争鸣。其中，德国刑法学说上有法律的财产说、经济的财产说和法律、经济的财产说（折中说）；日本刑法学说上有本权说、占有说和各种中间说。我国刑法学界在此问题上的争论虽不如德、日刑法学说激烈，但争议仍然存在。归纳起来，主要有以下几种观点：第一，占有说。这种观点认为在财产犯罪的保护法益上，坚持占有说更具有合理性。在现代，社会迅速发展、经济形式快速变化，法律保护的权利范围已经从近代以来的所有权向今天的保护占有方向发展，刑法也应当将财产罪的保护法益从单纯保护财产扩大到保护占有；同时，占有一般具有推定所有权存在的机能，享有占有权一般就享有所有权。[2]第二，平稳的占有说。依据这种观点，侵犯财产罪的保护法益是占有，但并不是全部的占有都是保护法益，而只限于平稳的占有。[3]第三，所有权说。在我国的刑法理论中，在相当长的时期内，主流观点认为财产犯罪所侵犯的客体是公私财产的所有权，也就是说，财产犯的法益是财产的所有权，具体内容包括财所有权人依法对自己的财产享有占有、使用、收益和处分的权利，包括占有、使用、收益和处分四项权能。[4]对此，笔者更赞同平稳的占有说。所有权说将犯罪对象的理解完全限制于民法角度，认为对象必须是他人所有之物，在现代社会中有过分缩小处罚范围之嫌。不可否认，在市场

---

[1] 邓超：《财产犯罪原理论》，中国政法大学 2007 年博士学位论文，第 5 页。

[2] 周光权：《刑法各论讲义》，清华大学出版社 2003 年版，第 87 页。

[3] 乔传福：《侵犯财产罪法益问题研究》，载《襄樊职业技术学院学报》2005 年第 3 期。

[4] 高铭暄、马克昌：《刑法学》，中国法制出版社 1999 年版，第 884 页。

经济活跃之前的相当长历史时期内，所有权说具有合理性，但在目前社会财产关系日益复杂的现实中，所有权说已不利于维护正常的财产秩序。而占有说，则有过分扩大处罚范围的嫌疑，因为这种观点没有考虑到实践中许多行为人主观上并无非法占有的目的，往往会以为是自己财物的情形。而且，在这种观点中，行为人以不法手段取回自己所有而由他人不法占有的财物的，仍成立财产犯罪，这是难以接受的。平稳的占有说则克服了所有权说和占有说所存在的不足，较为妥当。

2. 民事上债权债务关系在区分此罪与彼罪上的意义

当今社会，诉讼观念深入人心，公力救济成为纠纷解决的最权威途径，但是仍然无法阻止人们对权利的自力救济。在司法实践中，表现为行为人因与被害人之间存在权益纠纷，在没有第三方力量以中立名义介入的情况下，依赖自身或私人力量，从侵害人处获得利益补偿。在理论研究中，很多学者将私力救济视为一种“最原始、最简单的民事纠纷的处理机制，与生产力低下、文明程度不高的人类早期社会密切联系。”[1]这种野蛮、落后的纠纷处理方式在现代社会应予摒弃。但也有不少观点将私力救济视为人们面对纠纷的典型反映。事实上，刑事司法实践中出现了许多受害人通过采取盗窃、抢劫、抢夺、敲诈勒索等手段从侵害人处取得财产的案件，为了研究的便利，法学者将行为人的这种行为以一种相对中性的术语描述为“行使权利的行为”，就是指行为人基于某种客观原因认为自己有取得对方占有之财产的权利，因而采用盗窃、诈骗、抢劫、敲诈勒索等非法手段取得了财产。广义上，它包括两种类型：一是行为人有从对方那里取得财物或财产上利益的权利；二是行为人对占有自己所有之财物的对方在私法上有要求交还那种财物的权利。[2]

对于这种行为的刑法处理，在西方刑法理论上存在争议。但总结起来，主要有几种不同的类型：一是在大陆法系国家，对行使权利行为的刑

[1] 江伟：《民事诉讼法》，中国人民大学出版社 2000 年版，第 4～5 页。

[2] 刘明祥：《财产罪比较研究》，中国政法大学 2001 年版，第 82 页。

法评价存在犯罪论与非犯罪论两种观点，并在历史上的不同时期有不同的评价、还存在反复。在日本，行使权利行为是否需要处罚也是理论中争议的对象。长期的刑法发展中曾两次反复出现处罚与不处罚的倾向，而且处罚的历史时期相对较长，不处罚则设有严格的条件限制，限制条件一般包括客观上确实有权利存在、所采用的手段必须具有相当性，否则，不排除追究刑事责任。[1]而在德国，实务界争议的问题在于行使权利行为是否能阻却不法意图。从刑法处罚上来看，对行使权利的行为不以财产罪处罚的时期占绝大多数，只是在两次世界大战之间的特殊时期，从整治当时混乱社会经济秩序的角度出发，对于这类行为作出予以处罚的决定。二是在英国、美国等国家，立法上明确采取不处罚的立场，只是近代才有予以处罚的动向。如，在19世纪的英国刑法中，财产犯罪的对象只限于“他人的财物”，如果行为人能对财物的取得提出合理的“权利主张”，就可以排除盗窃犯罪的成立。《1968年窃盗法》第21条规定：（1）如果行为人具有使自己或者他人获益的目的或者使他人受损的意图，而采用威胁手段提出任何不正当的要求，则构成敲诈勒索罪；基于这一目的，这一因威胁而提出的要求是不正当的，除非行为人如此行为是因为相信：（a）他有提出这一要求的合理理由；并且（b）该威胁手段的使用是强化这一要求的合理方式。（2）所要求实施的作为或不作为的性质无关紧要，并且无论威胁手段是否与行为人将要采取的行为有关，也无关紧要。（3）犯有敲诈勒索罪的行为人应按公诉程序治罪，可处以14年以下监禁。但是，该法实施后，判例中表明了对行使权利相关行为的态度变化，出现朝客观化转变、在一定范围内予以处罚的趋势，尤其是在具有“胁迫罪”“要求罪”的勒索罪中，呈现出比其他财产罪更大的处罚范围。美国早期的法律受到英国普通法的直接影响，对待行使权利行为的理论上基本也是对英国传统法律的继承。对基于债权实现而夺取债务人金钱等类似的“行使权利”案件，以缺乏“盗取的意思”为由而否定成立盗窃、抢劫等相关的犯罪。《模范刑法

---

[1] ［日］大谷实：《刑法各论》，黎宏译，法律出版社2003年版，第209页。

典》中也坚持了与传统观点相类似的态度，第3.10条规定针对财产使用武力时可引入民事诉讼中可适用的正当理由，明确规定“包括财产的挪用、扣押、毁损或者损毁、侵占或者妨害在内的行为，如果是在该行为引起的民事诉讼中能成立特许辩护的情形下作出时，该行为具有正当性”，除非刑事法律有特别规定或者立法意旨明确显示排除其正当性。第223.1条第3项列举了一些事由作为对盗窃的追诉的积极抗辩，其中就有“行为人没有意识到财产或者服务属于他人所有；行为人对财产或服务所实施的行为是基于善意的权利主张，或者认为其仍享有取得或者处分的权利”。[1]但是自20世纪60、70年代以后，美国的判例也出现了与英国大体相似的转变，对所谓行使权利的案件，一部分给予了处罚，在一定程度上动摇了传统的行使权利不可罚的原则。[2]

我国刑法学者大都认为行使权利的行为原则上不构成犯罪，但是具有其他严重情节的，构成相应的犯罪。主要理由在于，从犯罪构成上来看，行使权利的行为不具有主观恶意。如果行为人以民事上的请求权为依据行使权利，而擅自直接处置对方的财产，或要求对方进行相应的财产处分行为时，行为人实际上是出于实现债权的意思，因而不具有不法意图，也就不能以财产犯罪论处。但是，当债务人一方具有期限的利益、清算的利益等值得保护的利益或者债权的内容未确定，债务人在民事诉讼中存在请求的正当利益，对方使用胁迫手段取得财物的，则具有成立敲诈勒索罪的可能性。[3]从最高人民法院公布的典型案例来看，似乎对这种理论上的通说作了肯定。在蒋志华伤害案中，行为人当场使用暴力夺取财产的行为，主观意图只是收回自己的合法债权，虽然这种私力救济的方式为法律所不提倡，但是并不具有犯罪的故意或目的，则不能以抢劫罪进行定罪处罚。在章浩、王敏等绑架案中，王敏虽然与被告人章浩共同实施了“绑架”被害人的行为，但其主观上只有“索取债务”的目的而不具有勒索财物的目

[1] 刘仁文等译：《美国模范刑法典及其评注》，法律出版社2005年版，第63页、第158页。

[2] ［日］木村光江：《财产犯论的研究》，日本评论社1998年，第265页。

[3] 张明楷：《刑法学》，法律出版社2012年版，第872页。

的，因此她与章浩之间不存在共同犯罪故意，不能成立共同犯罪，其行为不构成绑架罪，而应以非法拘禁罪对其定罪处罚。索债型非法拘禁罪，即为索取债务非法扣押、拘禁他人的，构成的要件是：其一，行为人主观上以索取债务为目的。其二，在行为人和被拘禁人或被拘禁人的亲属间客观上存在有合法的债权债务关系。根据《最高人民法院关于对为索取法律不予保护的债务非法拘禁他人行为如何定罪问题的解释》的规定，行为人为索取高利贷、赌债等法律不予保护的债务，非法扣押、拘禁他人的，也应依照非法拘禁罪定罪处罚。其三，行为人实施了非法扣押、拘禁等剥夺他人人身自由的行为。根据《刑法》第二百三十九条规定，以勒索财物为目的绑架他人，以绑架罪定罪处罚。构成勒索型绑架罪的要件是：行为人主观上以勒索财物为目的，客观上实施了剥夺他人人身自由的绑架行为。索债型非法拘禁罪和勒索型绑架罪在犯罪手段上都表现为非法剥夺他人人身自由，区别的关键是看行为人主观上是以索取债务为目的，还是以勒索财物为目的。

可见，“行使权利”行为的处罚在理论中已形成相对一致的观点。从形式上来看，这里的“权利”是由民法中的规定来确定的，但需要从刑法的角度来对权利是否存在作实质化的判断，拒绝“如果有权利就是无罪”的简单判断方式。在行为人通过盗窃、抢劫、敲诈勒索等违法犯罪手段索取债务或其他合法债权时，只要行为人在主观上出于获取合法财物而无非法敛财的意图，在客观上取得的财产数额与其应当获取的数额相同或基本相同时，其行为因不具有非法占有的主观目的而不得评价为犯罪。但是如果行为人的行为其他严重情节，具有严重的社会危害性时，可相应地构成过失致人死亡罪、故意伤害罪、过失重伤罪、非法拘禁罪等。在这里，客观存在的债权债务关系就成为区分此罪与彼罪的重要因素，也成为民法对刑法规范效应的体现。

第四章　渗透与再接近：刑民发展的新趋势

在历史发展的长河中审视刑法的发展，会让人有一种全新的感觉。不可否认，法律抑或刑法终有一日会退出历史的舞台，但是至少曾经在相当漫长的历史时期内，刑法是保护人民权利的大宪章，并多次与其他学科以及法学科内的其他部门法律发生不同层面、不同程度的综合。[1] 法律科学在发展演变的过程中，包括刑法在内的各分支学科出现了“合久必分”“分久必合”的现象。在当今，处于同一个宪政框架之下的刑法与民法之间出现了再接近的趋势。这种发展既有部门法理念上也有具体制度上的表现。在此，笔者尝试以具体制度上的相互借鉴为视角，来窥探和评析这一现象。

第一节　惩罚性：民事领域的例外

如前所述，在公法与私法的二元划分中，民法属于私法，制度的核心在于保护私权利和私利益，价值目标是实现平等主体之间利益的衡平，所以，民事领域的不法导致的民事责任遵循当事人地位平等、意思自治和诚实信用的原则，以赔偿作为实现弥补被侵权人客观损失的方式。而刑法则

[1] 文海林：《以目的刑为主的综合刑法》，载《法学研究》2004 年第 1 期。

属于公法，制度的核心在于保护刑法上的规范利益，价值目标是实现分配正义之下的公平，以发挥惩罚犯罪与保护人权的双重机能，所以刑事领域的犯罪行为导致的刑事责任站在国家和社会秩序的立场，以惩罚作为犯罪的法律评价内容，进而实现一般预防与特殊预防的目的。简而言之，在刑法与民法严格区分的场合，补偿性是传统民事法律领域的特性，刑法则与之相对地具有惩罚性，这种理论曾一度成为大陆法系国家法律中的常识。但是，惩罚性赔偿制度的出现打破了部门法之间这种泾渭分明的区别，民法中浮现出的惩罚性赔偿责任的“惩罚”之职似乎隐藏着对民法补偿性的威胁，大陆法系国家也对惩罚性赔偿责任充满了排斥与批评。故有必要对该制度进行深入探讨。

一、概念厘清：惩罚性赔偿的含义及核心特征

（一）惩罚性赔偿的概念及内涵

惩罚性赔偿制度（punitive damages），也称示范性的赔偿（exemplary damages）、报复性的赔偿（vindictive damages），在大陆法系国家法律显得相对陌生，而被视为英美法系国家的一项特有制度，英文中的词组如，punitory damages，presumptive damages，added damages，speculative damages，imaginary damages，smart money，均是惩罚性赔偿制度的表达方式。这些不同的用语形成具有深刻的历史背景，即普通法系的判例法传统中，惩罚性赔偿制度并未进入制定法的内容之中，而由法官在判决中依据不同的案件情况以多样的词汇加以表达。不得不说，词汇的不同表达了内容上的些许差异，也是关注重点不同的表现。

第一次在判决书中明确使用“惩罚性赔偿”的是1763年英格兰的Wilkes v. Wood一案，法官使用的是“exemplary damages”，表达的是否定与惩罚被告人所实施的极恶劣的不法行为，并希望以此判决所散发出的威慑力量阻遏类似不法行为在将来再次发生。此后，法官对这一惩罚性赔偿

判决作出了解释，“陪审团有权判决比原告所受之实际损害更高的赔偿金额，损害赔偿的目的不仅在于补偿受害人，它也是对不法行为的惩罚，以及对将来有可能发生的同类行为的威慑，同时，它还能够表达出陪审团对该行为本身的厌恶”。[1]可以看出，最早的惩罚性赔偿用语及其涵义比较明确，已经在很大程度上反映出了近现代意义上惩罚性赔偿的核心意思。从此处考察开去，之后出现的不同用语可以展现惩罚性赔偿机制在英美法上的发展以及在此过程中经历的曲折与反复。

在制度发展的较早时期里，“smart money”也曾经在惩罚性赔偿的判决中出现过，首次使用是在1872年的Fay v. Parker一案中。“smart money”基于任何人都有不受无原因之痛苦的自由权利，而任何人伤害他即构成侵害其不受无原因之痛苦的自由权利，此时，受害人就有权利就其遭受的伤害请求惩罚性赔偿（“smart money”）。这种惩罚性赔偿不仅要补偿受害人所承受的痛苦，还要达到使不法行为人因其不法行为而感到痛苦的目的（to make the wrong－doer smart）。[2]“smart money”这一词汇就包含着这样的意思：英美法中的惩罚性赔偿制度发展早期的主要适用对象是故意而鲁莽地伤害他人、损毁他人尊严，而导致精神痛苦的案件，通过惩罚性赔偿向不法行为人施加相当的痛苦，从而表达出对恶意侵害他人之残暴行为的非难。惩罚性赔偿制度在这一发展阶段的功能主要在于弥补受害人难以计量的精神痛苦，并使不法行为人因其极恶的行为而付出相当的代价，而后世发展中所重视的遏制功能相对处于次要位置。之后，惩罚性赔偿还使用“vindictive damages”，其中就蕴含了惩罚性赔偿的使用是为鼓励诉讼、防止私人复仇的一种救济途径，当然，这里的公力救济也是受害人个人寻求报复不法行为的另一种表达方式而已。[3]可见，“vindictive damages”虽然在纠纷中提供了一种和平解决私人纠纷的社会控制手段，但是，用语中更多

---

[1] 98 Eng. Rep. 489，498_ 499（K. B. 1763）

[2] Gary S. Franklin，“ Case Comment：Punitive Damages Insurance：Why Some Court Take the Smart out of Smart Money ”，40 U. Miami L. Rev. 979（1986）.

[3] Linda L. schlucter & Kenneth R. Redden，punitive damages（2d. 1995），at 22. 转引自林德瑞：《论惩罚性赔偿》，载于《中正大学法学集刊》第1期（1998年7月），第30页。

带有的是一种基于报应主义的惩罚色彩。

现在民法理论中通常将“惩罚性赔偿”翻译作“punitive damages”，“exemplary damages”，在美国民法中这两个词组基本上是同义词，可以通用。在美国侵权行为法重述中对惩罚性赔偿界定为“在补偿性赔偿及名义上的赔偿之外、为惩罚该赔偿交付方的恶劣行为并阻遏他与相似者在将来实施类似行为而给予的赔偿；惩罚性赔偿可以针对因被告的邪恶动机或其莽撞时无视他人的权利而具有恶劣性质的行为做出”，至于赔偿数额的确定，可以适当考虑以下因素：“被告行为的性质、被告所造成或意欲造成的原告所受损害的性质与范围，以及被告的财产数额”。[1]

从以上考察可以看出，现代意义上的惩罚性赔偿指向的是，不法行为人在恶意、欺诈、鲁莽、轻率或者滥用权利等主观因素的支配下，给对方带来损害，法院因此判决行为人以超过实际损害数额的赔偿。设立该制度的基本目的在于惩罚不法行为人，并对该特定的行为人及潜在的不法行为人在将来再次从事相同或类似之行为带来威慑。

（二）惩罚性赔偿的核心特征

抛开惩罚性赔偿在认定程序中适用的成立标准等特殊要求，单就惩罚性赔偿概念本身所表现出的静态特征，也可以使其明显区别于其他法律制度。惩罚性赔偿意在对不法行为人的极恶行为施加惩罚，并阻遏和威慑类似行为的再次发生；从制度的作用模式来看，推崇事前预防；在赔偿数额方面，加害人负担的赔偿数额高于实际造成的损失额。这就使得惩罚性赔偿大大区别于大陆法系传统损害赔偿中的补偿标准。通过对补偿性赔偿与之加以比较，将更加深化对惩罚性赔偿特征的认识。

惩罚性赔偿与补偿性赔偿存在根深蒂固的差异。毫无疑问，二者均是要求加害人承担责任、向受害人提供权利救济的手段，进而维持必要的私

---

[1] ［美］肯尼斯·S. 亚伯拉罕、阿尔伯特·C. 泰特选编：《侵权法重述——纲要》，许传玺，石宏等译，法律出版社2006年版，第270～271页。

法秩序，在某些情况下，行为人可能会因同一个不法行为而同时承担惩罚性赔偿和补充性赔偿。但是，二者却在设立目的上大不相同。一般认为，补充性赔偿的主要目的，甚至在一定程度上可以说是唯一的目的，即在于补偿受害人之损失，包括可得利益的损失，也即补偿受害人其因不法行为已经遭受或将要遭受的伤害，或者因不法行为已经失去或将要失去的利益。法院判令补偿性赔偿所希望的是受害人能回复到如果加害人未实施不法侵害之前的状态。而惩罚性赔偿则着眼于惩罚已实施不法侵害的人以及威慑潜在的不法侵害者。法院判令补偿性赔偿所希望的是不法行为人因其极端恶劣的行为而受到惩罚，并阻止潜在的不法行为人的侵害行为发生。就此，从理论上看，补偿性赔偿与惩罚性赔偿之间由于目的的不同而存在明显的区别。

然而，这一理论上的“一清二白”在实践中的表现却并非如此，并有可能会引发出难题。尤其是在某些成文法律体系中，惩罚性赔偿并未得到条文的确定，或者宣称不适用惩罚性赔偿，相应地，法院通常不会公开承认其作出的损害赔偿判决具有惩罚性目的，这时就会出现考察上的难题。因为，这种情况下的判决书或其他可考的资料将不能直接表明所使用的损害赔偿究竟是纯粹出于补偿之目的，还是在某种程度上也有惩罚的目的。显然，目的论的检验方法在此无法发挥作用。于是，此时需要考察的就不仅仅是判决中直接关于损害赔偿目的的直白表述，而是在其表面的补偿性逻辑之下是否隐藏了惩罚性的因子。[1]

我们需要在不承认惩罚性赔偿的大陆法系国家以更加精细化的标准来分辨惩罚性赔偿与补偿性赔偿。这一标准主要是指赔偿数额之量定依据上的不同。在辨识损害赔偿判决中是否含有惩罚性因素的过程中，一个最直观的标准就是对损害赔偿数额及其计算方法和依据的考察。这一标准由于较强的技术性，因此并不会像赔偿目的那样容易被掩盖。补偿性赔偿的唯一目的即在于赔偿受害人所遭受的实际损失，就决定了赔偿数额的计算必

[1] 余艺：《惩罚性赔偿研究》，西南政法大学2008年博士学位论文，第7页。

须以受害人所遭受的实际损失为基本标准，也就是说补偿性赔偿的数额必须与受害人之实际损失基本等价。相比之下，惩罚性赔偿的数额则并不完全依据这一标准，甚至并不主要依据受害人所遭受的损失，更多的是考虑加害人行为的可苛责程度、加害人通过其不法行为获取的利益、阻止加害人以及威慑其他人再次实施类似不法行为的需要，以及加害人的财务状况等。如果在一个损害赔偿判决中，受害人得到的赔偿数额大大超出了其可计算的实际损失额，并且该数额的计算考虑了加害人的不法获益，或者加害行为的严重程度，那么，我们便有理由认为，该项判决并不纯粹是补偿性的，而是内含了惩罚的目的。甚至，对于超出受害人实际损失的部分，应当被视为惩罚性赔偿。这种损害赔偿的不同计算依据的背后隐藏的是惩罚性赔偿与补充性赔偿之间不同的关心重点。补偿性赔偿主要是以受害方为关注重心的，在此导向之下，赔偿数额的确定与不法行为人、第三人、或社会集体均不存在直接的关系，而只在是否承担责任及由谁来承担上加以考虑。补偿性赔偿的数额即受害人的实际损失额，相对比较客观，与不法行为的性质、不法行为人的主观故意或鲁莽、以至无过错等都不存在相关性。而惩罚性赔偿主要是以不法行为本身以及不法行为人作为关注重点，另外还有第三人以及社会公益，但几乎毫不关注受害人。尽管受害人及其所遭受的损失乃是成立惩罚性赔偿判决的诱因，但却并不是惩罚性赔偿的理据与逻辑。[1]相反，其更加关注的是不法行为人及其主观状态，使其成为影响是否赔偿以及赔偿范围的因素。惩罚性赔偿的数额应该能够反映出不法行为的恶劣程度，其具有威慑他人的功能，就使得惩罚性赔偿不再局限于受害人与加害人的二元结构，将视域扩展至第三人及社会公共福祉。

总之，从法律制度规范功能的方向上来看，补偿性赔偿是一种“向后看”，即当不法行为发生之后，力图令受害人回复至如同损害未曾发生的

---

[1] Volk Behr, “Punitive Damages in American and German Law – Tendencies towards Approximation of Apparently Irreconcilable Concepts”, 78 Chi – Kent L. Rev. 105, 111 (2003).

状态；而惩罚性赔偿则是一种“向前看”，试图通过惩罚，惩罚不法行为人本人，并对社会一般人形成一种威慑，减少类似不法行为发生的可能性。

二、学术史考察：惩罚性赔偿责任的沿革

考察惩罚性赔偿的历史发展脉络是一项很有意义的内容，不仅可以更客观也更实质性地去理解惩罚性赔偿制度的现代价值，更可以矫正那些关于法律发展历史的主观臆想。长期以来已有诸多研究成果惯于从法律历史的发展中寻找现代法律制度的渊源，一旦发现有相似的蛛丝马迹，便加以援引，并以一些现代意义的词汇加以静态解释和动态发展上的描述，似乎制度只是在统一内涵基础上的简单与连续的线性过程。然而，如果我们承认，法律的意义不可避免地会受制于特定的历史与社会语境，我们就必须承认，外形相似的法律规则未必表达着相同的旨趣，而表面连续性的背后，也有可能隐藏着断裂。[1] 在对惩罚性赔偿的历史考察中，我们发现，“由加害人向受害人支付超过受害人之实际损害额的赔偿”古已有之，作为一种法律现象的存在也有较长的历史，但是，背后的逻辑却并非绝对相同，而且就发展的延续性上来说，也不是无间断无反复的，事实上，这种相当性与必要性的论证正是在制度的曲折前行中体现的。

（一）古代刑民不分中的多倍赔偿

现有可考的法律文献中，多倍赔偿、高于受害人实际损害之赔偿的规定非常多，从古老的巴比伦《汉谟拉比法典》，到古罗马的《十二铜表法》，到中国古代律法，都有在赔偿规定中掺入惩罚因子的思想。而是否与现代惩罚性赔偿制度一脉相承，仍需要具体分析。

---

[1] ［葡］叶士朋：《欧洲法学史导论》，吕平义、苏健译，中国政法大学出版社 1998 年版，第 4～5 页。

《汉谟拉比法典》颁布于公元前18世纪，代表着古代两河流域法制的最高立法水平，也是典型的刑民不分、诸法合体法典，不存在现代意义上的部门法区分。就责任的实现途径上来看，仍以同态复仇为主，货币赔偿只是一种辅助手段。但是从其条文的规定之中可以看出其利用多倍的金钱赔偿以表达对特定性否定评价的用心。比如，对于盗窃行为，第8条规定，自由民窃取牛，或羊，或驴，或猪，或船舶，倘此为神之所有物或宫廷之所有的，则彼应科以三十倍之罚金，倘此为穆什钦努所有，则应科以十倍之罚金；倘窃贼无物以为偿，则应处死"，多倍金钱赔偿有免除处死刑之功用。这些确定的规则表达了对违法行为的可非难性，并已经十分具有逻辑性：实施不可容忍行为之人，应被处死；实施较为恶劣行为之人，应承担多倍赔偿的责任；实施一般性损害他人利益的行为人，则以补偿受害人损失为限。在这种逻辑体系中，多倍赔偿就自然带有惩罚与威慑的效果。需要注意的是，法典中多倍赔偿主要适用于两类行为：盗窃与破坏委托关系的行为。法律发展到今天，前者为刑事犯罪行为，需要承担的是刑事责任，后者则仅为一般违约行为，不适用惩罚性赔偿。

古罗马法最早主要由习惯法和来源于《十二铜表法》的内容组成。《十二铜表法》中的多倍金钱赔偿规定有不少，择其要者，如第六表，获得物、占有权法，第8条规定，盗窃他人木材用于修建房屋的，应支付双倍赔偿。第八表，伤害法，第9条规定，对于夜间践踏或盗窃农作物的贼，如果行为人为成年人，则应处死；如果行为人的年龄低于法定婚龄，则对其的惩罚是鞭打以及支付双倍赔偿，还有第15、18条等。[1]尽管存在诸多的规定，罗马法中仍在原则上确认损害赔偿的补偿性。“众所周知的是，我们只在一个人力图恢复其被损害的财产时，为其提供返还之救济途径，而如果他是为了从对另一个人的惩罚或者强加给另一个人的损失中获益，则不得支持。”[2]古罗马法中最有可能适用惩罚性赔偿的是盗窃和抢劫，其

[1] 《世界著名法典汉泽丛书》编委会：《十二铜表法》，北京：法律出版社2000年版，第30页。

[2] DIG 47. 8. 1（Paul，ad Edict Book12）

中的侵权人要赔付实际损失 2～4 倍的赔偿金。而这些在现代法律体系中均为刑事犯罪行为，但也并不能直接将其划归为现代法律上的刑事罚金。这是由于从古罗马的敕令上看，罗马私法试图通过双倍赔偿的规定来约束特定的行为，并借此实现某种社会控制与公共安全之目的。由此，多倍赔偿成为相当长历史时期内采取的社会控制方式，这一事实本身就极大表明了制度所具有的普遍功用。

相比之下，我国古代法中就难觅多倍赔偿的踪迹，在以往的研究中学者多认为我国古达存在惩罚性赔偿的法律规则，并举出一些例证，如汉代《周礼·秋官·司历注》中的“加责入官”；唐宋时期的“倍备”制度，以及明会典之中的“倍追钞贯”等，[1] 这些似乎与上述古代法中的惩罚性赔偿相似，但是稍加深入思考会发现，同样是对盗窃等不法行为的惩罚，最明显的不同在于超出实际损害的部分，是上交给官府、国家的，而不是受害人或原告本人。如此观之，同样是发挥惩罚、威慑功能的赔偿，我国古代行为人对超出部分的责任承担就更像是国家对不法行为人施以的罚金，而不是由法律判令不法行为人向受害人支付的“赔偿”。究其原因主要是因为，长期以来的专制文化，国家统治权力始终控制社会发展，个人不存在独立性，更难以个体的身份进入统治者的视域。

通过对古代法律体系中的多倍赔偿规则进行考察后发现，惩罚性赔偿的思想与规则确实是古已有之，并非在某一个时代或地区的横空出世。追究其思想来源的话，或许是远古的人们朴素的因果报应观念，某种特殊的宗教情怀，更或者是一种摆脱同态复仇的希望。但无论怎样，惩罚性赔偿的理念和规则确实真实地存在于古代法中。抛开这些多倍赔偿规则中的一些在现代意义上属于刑事罚金的差异之处，可寻得共同点：古代刑民不分中的多倍赔偿规则展现出的逻辑进路，与现代惩罚性赔偿制度几乎是相同的：向特定不法行为的加害人强加对受害人高于实际损害的赔偿金，以表

---

[1] 王立峰：《论惩罚性损害赔偿》，载于《民商法论丛》第 15 卷，法律出版社 2000 年版，第 57～58 页。

达对不法行为的社会否定，并借受害人之力弥补公共执法资源的缺欠。

（二）两大法系国家在多倍赔偿问题上的分野

在中世纪后期以前，欧陆普通法中是有多倍赔偿规定的。罗马帝国的衰亡并没有妨碍罗马法的生命，罗马法在往昔罗马帝国统治的核心地区仍然得到当地人民的遵守。只是这种各自为政的司法管辖区域的存在，是对法律确定性和统一性的严重伤害，特别是在日趋市场化的全新经济关系的发展形势下，需要普遍适用的法律规则。最终在公元 11 世纪到 16 世纪，欧洲大陆以继受罗马法为基础，并融入教会法与日尔曼习惯法等元素，形成了欧陆普通法。在这个过程中由于政治等多种复杂的原因，罗马法中的多倍赔偿机制被舍弃，但是这并不意味着多倍赔偿的就此终结，因为日耳曼习惯法中也同样存在多倍赔偿机制。中世纪后期，统一而稳定的经济发展促进了以完备的民事法律著称的罗马法重焕光彩。不过在脱离混乱、形成现代民族国家的过程中，中央政府与封建贵族的斗争在很大程度上是借助于对法律的控制而取得胜利的，就促成了对锻造强有力的中央政府以及重新划分法律体系的需求。曾经在古代法律体系中被视为私人纠纷的盗窃、抢劫等不法行为，开始逐渐被纳入刑事法律体系之中。国家享有保持公共安宁和秩序的利益，也就认为危害社会秩序的不法行为侵害的更是作为整体的国家，于是，对所谓刑事犯罪行为的控制权便逐渐从个人手中转移到了国家。[1] 随着刑事法典进入了公共领域，惩罚也将由不同的方式来实现。刑事法的基本目的是惩罚犯罪，而为原告提供报复方式的目的最终被废弃。于是，在性质上介于刑事与民事责任之间、力图鼓励私人充当私人检察官以遏制非法行为的多倍赔偿机制，似乎已无存在之根基。顺理成章的，在之后欧陆普通法的编纂中就有意地排除了对多倍赔偿规则的继受。我们很难直接下结论说这是国家为了树立自身的权威而对权力不正当的攫取，但或许是确实低估了多倍赔偿机制在构建良好秩序方面所能起的

---

[1] 陈聪富：《授权归责原则与损害赔偿》，北京大学出版社 2005 年版，第 201 页。

功效，但这种简单化的消声处理，确实无从避免后世欧陆国家的继续讨论。

在盎格鲁萨克逊时代早期，同态复仇是杀人行为的救济方式，后来受害人可以在同态复仇与赔偿金之间进行选择。王权兴起后，国王禁止同态复仇，但对不能恰当支付高额赔偿的犯罪者和不能用金钱予以赔偿的十分严重的犯罪适用死刑。对于前者，犯罪者须分别向受害人支付赔偿金和向国王支付罚金。[1] 这虽然不能被直接视为惩罚性赔偿的前身，但起码惩罚与赔偿之间纠结于一制度的模式已有雏形。公元1066年诺曼人征服英格兰后，曾在一段时间内发生所有权的极度混乱，经常性地引发血亲复仇行为，随后王室颁布法令，如果原告依法收回的财产又被同一被告再次强占，则该被告须为此向原告支付双倍赔偿，同时将被判一段时期的监禁。[2] 此后，又有诸多针对特定不法行为而规定数倍赔偿的立法出现。在1275年之后的500年间，英格兰立法中至少存有65条以上关于双倍、三倍或者四倍赔偿的条款。梳理之后可以发现，主要适用范围为：一是违反某些经济政策的行为，如在毛纺织品的生产及出口、铁制品的进出口、对鲜鱼捕捞者的规制，以及处理移民劳动就业问题；二是极少数规定中，性质极为恶劣的不法行为必须承担的责任包括向王室支付罚金，比如向宿敌苏格兰出售武器及装备。除此以外，还存在其他不符合上述特征的多倍赔偿规定散见于立法中。从这里我们可以看出，或许这种私人充当检察官的赔偿制度与英国刑法从侵权中分立出来的历史存有联系，并发现制度的理念，正如有学者所言，"我们现在正在力图将刑事领域变为民事司法的领域，因此，我们应该注意到，在爱德华一世时期我们的立法者曾设计出一个很好的机制，即给予受害人两倍到三倍于实际损害的赔偿。那时的立法者并不怎么相信所谓的'团体控诉（communal accusation）'，以及任何需要王室官员

---

[1] ［英］约翰．哈德森：《英国普通法的形成——从诺曼征服到大宪章时期英格兰的法律与社会》，刘四新译，商务印书馆2006年版，第93页。

[2] David G. Owen，"A Punitive Damages Overview：Function，Problem and Reform"，39 Vill L. Rev. 363，368（1994）.

与人民大众共同参与以将犯罪分子绳之于法的程序。相反，他们倒是对受害人本身寄于了更多的希望。他们相信，如果给予受害人足够的价值动机，他就可以被激发而采取行动。于是，在这种典型的英国模式下，通过民事诉讼程序也可以施予惩罚，其形式即为多倍赔偿、罚金，或是惩罚性赔偿”。[1]英格兰似乎也将惩罚性赔偿作为一种对特定行为进行社会控制的工具了，这与古罗马法、日耳曼法的做法一以贯之。

（三）近代以来惩罚性赔偿在英美法上的曲折发展

经过中世纪的曲折发展以后，欧洲大陆国家树立起世俗政权统治，彻底抛弃了多倍赔偿制度，而英格兰在诺曼征服之后的一系列制定法中则将多倍赔偿制度纳入了法律组成，使得该规则的发展脉络得以延续。但是这个发展过程不是一个简单的从无到有、从粗糙到精细的单向发展，其中充满了反复与曲折。

英国的法律历史上记载的最早有关惩罚性赔偿的判例是发生在1763年的Wilkes v. Wood [2]一案，它与之后的Huckle v. Money[3]案和Money v. Leach[4]案，同被认为是最早在司法中确立惩罚性赔偿的案件，也是近现代意义上惩罚性赔偿的最早判例。不过，由于这一组案例中充斥着强烈的政治色彩以及欠缺法律逻辑，难以充当普通法上的判例。通过与中世纪英国制定法中的多倍赔偿进行比较后发现，此时的惩罚性赔偿同样有对特定不法行为加以否定与惩戒的功能，只是在法律渊源上有明显的不同，前者是以明确的制定法为载体，而后者则依据具有法律效力的判例。而且，Wilkes案的司法判决中也不见对其与中世纪的多倍赔偿之间关系的论证，这就直接表明虽然在理论上可以认为英国近代的惩罚性赔偿与中世纪的多

---

[1] Pollock & Maitland, The History of the common Laws 522 (1968). See Norman T. “The Recognition and Enforcement of Common Law Punitive Damages in a Civil Law System: Some Reflections on the Japanese Experience”, 16 Ariz. J. Int &Comp. Law 285, 343 (1999).

[2] 98 Eng. Rep. 489 (K. B. 1763).

[3] 95 Eng. Rep. 768 (C. P. 1763).

[4] 97 Eng. Rep. 1075 (K. B. 1763).

倍赔偿之间在理念上是前后相继的，但在法律实践层面并没有正式建立起自然的过渡。此后，又经过很长一段时间的混沌状态后，才进入清晰的发展轨道中：适用范围逐渐扩展到伤害尊严的普通侵权案件，只是随着近现代法律体系中部门法划分的精细化，民事救济中的惩罚性因素受到质疑，由此惩罚性赔偿的适用情形受到严格限制，这种限制的或松或紧在不同的时期又有所区别。

美国并不是惩罚性赔偿机制的诞生地，可显然为惩罚性赔偿机制的发达提供了最适宜的土壤。该机制传入美国后，虽然也在19世纪和20世纪经历了存废之争与改革浪潮，却未出现适用上的明显受限，而是在实用主义哲学理念指导下，注重从审判程序、证据标准、考量因素，以及赔偿数额等方面作出规范化的指导和限制。相对而言，美国在对待惩罚性赔偿的态度方面更加具有开放性。

从以上的考察可以发现，惩罚性赔偿制度已经并仍会经历曲折与坎坷，在适用范围、适用理念上也不可能一成不变，但有一点却是在短时间内不会改变的，那就是惩罚性赔偿制度在英美法系国家法律中的稳定存在及其重要的功能作用。它是不法行为受害人拥有的重要救济性权利，在惩罚实施不法行为之人、威慑可能实施不法行为之人方面发挥着不可替代的作用。

（四）惩罚性赔偿在现代大陆法系国家的“名亡实存”

惩罚性赔偿在近代欧洲大陆国家缺乏适合生存的条件，这是由于惩罚权应由国家行使的观念自中世纪中央权力的有效集中后已逐渐深入人心，法律体系中出现对部门法的精确划分导致惩罚性被排除于民事法律之外。即便在现代社会中已经认识到以受害人的实际损失范围作为损害赔偿的唯一标准存在不少弊端，即便已经在实践中出现赔偿金高于实际损害的判决，甚至理论研究者也开始认同或肯定损害赔偿补偿功能之外的预防功能，但是，大陆法系国家仍不能接受在民事责任领域引入惩罚性因素的观念，对惩罚性赔偿机制保持着警惕。在他们的传统理论上，惩罚专属于公法空间，而私法上平等主体之间的侵害只须得到补偿以恢复到初始状态即可，这就排除了惩罚的色彩。在这种观念中，对于依据案件具体情况而作出的高于实际损害的赔偿可以存在，但是用以解释的理论必定是“去惩罚化”的，比如将高出的部分解释为对受害人之抚慰等。在大陆法系国家的民事责任理论中，损害赔偿规则中数额的计算围绕受害方利益损失展开，加害方的主观过错只是判定是否需要承担损害赔偿的要件。这就明显不同于英美国家惩罚性赔偿中关注加害人主观恶性的做法。

抛开这些观念、立场或理论中僵硬的差异，转而看向这些不同的法律体系下类似案件的判决及实践效果，就会发现，同一或类似案件在两大法系国家所得到的实际处理结果远不像理论所反映的那样明显。具体到惩罚性赔偿制度中，两大法系之间泾渭分明的差异也由于双方的共同改变而逐步缩小，一方面，大陆法系国家打破传统的绝对排除态度，而在诸如人格侵害等特定类型案件中，开始将加害方的因素纳入受害人损害赔偿的相关因素圈内，允许依据加害人的行为性质而确定高于受害人实际损害的赔偿金，出现了损害赔偿规则设计的新尝试；另一方面，惩罚性赔偿制度在英美也开始受到理论和实践的考验，并针对可能产生的负面影响进行反思和改革，比如在惩罚性赔偿的适用范围方面由开放转向限制性收缩、在惩罚性赔偿的数额方面制定出相对确定的计算规则以控制陪审团的自由裁量权，等等。尽管在理论上两大法系还未出现融合的趋势，并有坚守阵地的势头，但全面展开后会发现，惩罚性赔偿在两大法系的差异更多是理论中、形式上的。如果说大陆法是一件漂亮的礼服——逻辑严密、立场严明、规定严格，英美法就是一件穿习惯的工作服——实用便利、灵活。[1]实际上，大陆法与英美法基于维护良好社会秩序、实现社会管理的共同目标，而出现深层的共同是符合发展规律的，也有利于从更一般化的角度来讨论和理解惩罚性赔偿制度。

---

[1] ［日］田中英夫、竹内昭夫：《私人在法实现中的作用》，李薇译，法律出版社 2006 年版，第 217 ~218 页。

三、性质定位：惩罚性赔偿的私法责任

（一）惩罚性赔偿的性质之惑

“惩罚性赔偿（punitive damages）”的称谓本身就内含了定义和定性中的难度。在普通的词语释义上，一般认为“惩罚”为“道德评价的方式之一。是对人的不良行为给予否定性评价，从而使其改正不良行为或品质”，“赔偿”是“因自己的行动使他人或集体受到损失而给予补偿”。在既有的法律规范中，前者指向的是对极其恶劣地损害他人利益或公共利益之行为的非难，通常化归于刑事法律或行政法律的范畴内；后者则指向侵权人应对受害人所遭受的损失给予完全的补偿，使其恢复到侵害行为发生前的状态，通常属于民事法律的范畴。可见，“惩罚”与“赔偿”本是两个异质化的概念，而“惩罚性赔偿”则将这两个原来各行其是、互不相融的法律目标联合在一起。“惩罚性赔偿”产生后面临定性上的分歧与争论就是不可避免的了，那么它更靠近刑事惩罚措施，还是更靠近民事救济措施呢？

从隐藏于其后的、深层次的目的与功能来看，惩罚性赔偿的本质性目的与功能在于惩罚与阻遏，也就是说，其最终目的并不在于赔偿，而是在于对侵权行为人的不法行为进行惩罚，并借此威慑不法行为人及其他潜在的可能实施该种不法行为的违法者。这与刑事责任或刑罚的一般预防与特殊预防功能有极类似的关键特性，在此意义上说，惩罚性赔偿被认为有“准刑罚（quasi - criminal）”的性质。[1]事实上，“它介于刑事法与侵权法之间，既沟通了刑事法与侵权法，也分隔了刑事法与侵权法”。[2]从实现的司法程序来看，惩罚性赔偿必须由受害人作为原告通过损害赔偿之民事诉讼

---

[1] Kimberly A. Pace, “Recalibrating the Scales of Justice through National Punitive Damages Reform”, 46 U. L. Rev. 1573, 1580 (1997).

[2] Dorsey D. Ellis, “Fairness and Efficiency in the Law of Punitive Damages”, 56 S. Cal. L. Rev. 1, 2 (1982).

而启动，并且相比刑事法，民事程序中的程序性保障措施要少得多，如超越合理怀疑的证明标准、不得因同一行为重复受罚的原则以及不得强迫自证其罪的原则等，都只是适用于刑事法中的。❶诉讼结果上的惩罚性赔偿金由原告享有，即作为受害人的私人财产，这就不同于刑事罚金的国家属性。

总的说来，惩罚性赔偿的民事属性还是比较明显的，就外观上说，惩罚性赔偿规定的民法性以及诉讼程序的目的、发动和结果等均可作为论证依据。这其中的例外就是惩罚性赔偿的目的和功能不能符合民事赔偿与刑事惩罚的基本理论体系划分。这种在民法功能目标中融入刑法因子的混搭方式，生长出了一种扎根于民法领域的惩罚性救济措施，也就引发了一系列的质疑与争议。

（二）惩罚性赔偿的性质之解

1. 惩罚性赔偿属于私法责任

在法学研究中，我们习惯于将某种法律机制的性质与现有法律理论中各种层次不一的归类相连。比如，罚金、剥夺政治权利属于刑事制裁措施，缔约过失责任属于民法上契约责任。这些归类都是毫无疑问、不存在争论的，这是由于被归类对象的特征是完全合乎其所属类别的。可是这种研究性质的方法在对惩罚性赔偿的适用中出现了例外，即无法得出一致的结论。因为在刑法与民法严格分离的法律体系中，惩罚性赔偿兼有刑事与民事中的核心特征，于是，在大陆法系的法律理论体系和知识背景中，惩罚性赔偿性质的论证难以做到令人完全信服。这种情况在英美法系国家大不相同。英美法中的惩罚性赔偿机制是在回应实践需要的过程中产生的，在实用主义的哲学思潮下，理论上的性质争论几乎不会影响惩罚性赔偿制度的客观存在。而且，惩罚性赔偿的性质之惑也不足以阻挡其在美国法律体系及实践中的迅速发展，

---

❶ David G. Owen, "A Punitive Damages Overview: Function, Problem and Reform", 39 Vill L. Rev. 363, 365 (1994).

这大概是由于美国是判例法国家，法官有权力造法，而理论上的所谓公法私法划分对法官所造之法影响甚小；再加上美国法律设计的基本原则包括权利的准确及时救济，即法律是救济权利的最佳手段，一旦有权利受到损害，法律就应该提供充分和便利的救济，这是奉为首位的原则，而关于这些救济手段在法律体系中的性质划分则只是属于次一级的考虑。[1]而在大陆法系国家，刑事与民事法律特征的严格区分使得兼具二者特征的惩罚性赔偿难觅归属，令其徘徊在条分缕析的法律理论体系中，由于性质上的模棱两可而被排斥于大陆法系国家的法律体系之外。

应该说，在公法私法严格划分、刑法民法泾渭分明的前提预设之下，试图将惩罚性赔偿之性质进行"非此即彼"的绝对化定位是几乎不可能的，但这并不能成为影响该机制存在的充分条件。这是因为，法律规范的更本质价值在于实现公平与社会正义，而不在于苛责理论体系的完美，否则就成为舍本逐末之举。在确定了惩罚性赔偿机制存在必要性的前提之下，再来讨论其法律属性，如果非要给出一个回答的话，笔者更加倾向于将其视为私法上的权利救济机制。理由在于该制度的设计目的为维护私法秩序、就规范的体例来说一般规定于民法中、规范实现的路径通常为民事诉讼程序，所有的这些特征都属于私法性的，唯有的"轻惩罚性"并不能动摇总体上的亲私法性。

2. 惩罚性赔偿之"惩罚"与刑罚之"惩罚"

即便在普遍承认惩罚性赔偿制度的英美法系国家，惩罚性赔偿的发展过程中也是充满争议与批评的，甚至大量地、反反复复地出现。这些批评意见的角度也是各不一致的，如从国家最高法律效力的宪法维度、法律规范的可预期性与可操作性、法律的最高追求公平正义价值等，凸显了惩罚性赔偿机制对法律理论的挑战。但是这些理论研究的价值性不是完全一致的，对此我们需要认真对待，但在此并不一一详述。事实上，这些检验与反思惩罚性赔偿制度的多角度是值得肯定的，但是，多角度考察的前提是

---

[1] David F. Partlett, " Punitive Damages: Legal Hot Zones", 56 La L. Rev. 781. 787 (1996).

本体论上的充分，即充分陈述惩罚性赔偿制度之“惩罚”及辨析其与刑罚之“惩罚”是否存在或存在何种程度的亲和性，以理顺惩罚性赔偿制度中这一最违背私法性的内容。

首先，应当看到，补偿性与惩罚性本就不是毫无关联的。理论上探讨民事不法与刑事犯罪、民事责任与刑事责任的关系，不能脱离对实践的考量。单就司法适用中发生的大量刑民交叉案件、刑民界分疑难问题，就可以直接证明刑民关系确定的错综性、复杂性，以及刑民责任聚合的可能性。在大陆地区，刑事附带民事诉讼在司法中被普遍采用，尽管受到各种质疑甚至是要求废除的声音不断，但是客观上，选择刑事附带民事诉讼是很多受害人的意愿，而且也实际地解决了不少民事诉讼案件。民事上的补偿或主动赔偿是不法行为人人身危险性降低的评价因素，可能成为刑罚权施加刑事责任的减少，而拒绝补偿或赔偿的，刑罚的惩罚性会更加明显。这也不是大陆地区独有的现象，在我国台湾地区，80%以上的医疗纠纷是通过提起刑事诉讼来解决的，受害人多并不真正是意在追究刑事责任，而有通过刑事程序的威慑性取得损害赔偿的愿望。[1] 可见，硬要在补偿性与惩罚性之间划个界限是非常困难的。而且就惩罚性含义本身也是不确定的，在严重程度上及国家或个人的角度都是具有不同内涵的。如美国的大多数州是允许惩罚性赔偿在当事人受到刑事处罚后继续适用的，并认为“民事和刑事的处罚服务于不同的目标。刑事制裁是向公众声明一种错误行为，而民事程序中的惩罚性赔偿是向私人当事人确认一种错误行为”。[2]

其次，惩罚性赔偿中的“惩罚性”是相对于私人之间利益的比较得出的，是体现在单个或者部分诉讼程序中的内容。但从整体上来看，受害人获得的赔偿实际上没有超出整体应受补偿的程度。惩罚性赔偿与补偿性补偿密切相关，“惩罚性赔偿并不是独立的请求权，必须依附于补偿性的损

---

[1] 王立峰：《论惩罚性损害赔偿》，载梁慧星主编：《民商法论丛》（第5卷），法律出版社1996年版，第85页。

[2] “美国的惩罚性赔偿制度”，http：//www. chineseinla. com/f/page_ viewtopic/p_ 3501. html，最后访问时间是2013年7月30日．

害赔偿。加害人的不法行为可能给受害人造成财产损失、精神痛苦或人身伤害。就这些损害的救济而言，惩罚性赔偿可以发挥一定的功能”。[1] 惩罚性赔偿中的受害人不仅是该具体案件中的实际受害人，还将所有的潜在受害人作为保护对象，从这个总的视野来看，惩罚性赔偿在总体上仍然是低于或等于不法行为人所造成的社会成本的消耗。[2] 惩罚性赔偿作为行为激励机制的一部分，通过让加害人承担不法行为给其他私人及社会带来的损失，使得行为人不因其违法行为而获得任何好处，从而引导行为人不得为侵害社会整体的行为。

再次，惩罚性赔偿于民法不是一个缺憾，而是一个契机，是侵权法责任领域扩展的一个方向。在经过工业化、后工业化的发展后，社会中的危机源出现普遍化和泛滥化，产品事故、交通事故、环境公益损害等层出不穷，风险和危险在社会中无孔不入、无处不在，而避免或杜绝这些风险的巨大成本是社会中理性人的必然选择，投机心理成为责任追究的重大障碍。为防止不法行为中侵权责任欠缺的负面影响，除了要“及时回应”以外，重要的是防范不在乎受害人利益损失的行为。换句话说，阻止违法“黑数”的升高，纯粹依靠对单个侵害行为所造成损失的补偿性赔偿是不够的，还必须存在对潜在不法行为的事前预警。“容许每一个受损害消费者都要求赔偿惩罚性赔偿金并使惩罚倍数等于履行差错的倒数，就能恢复有效预防的动力。”[3] 于是，侵权法在这种风险重重的环境中，在坐拥补偿功能的同时，还众望所归地沾染抑制功能，抑制、威慑潜在的不法行为人。这种功能的发挥依赖于道德评价后应受谴责性基础上产生的惧怕心理。也正是因为恶意、欺诈等不法行为自身的强烈道德可谴责性，才促成了惩罚性赔偿机制中的抑制性。

最后应当指出的是，惩罚性赔偿责任的承担中并不存在说一方当事人

---

[1] 王利明：《惩罚性赔偿研究》，载《中国社会科学》2000 年第 4 期。

[2] ［美］迈克尔·D. 贝勒斯：《法律的原则——一个规范的分析》，张文显等译，中国大百科全书出版社 1996 年版，第 311 页。

[3] ［美］罗伯特·考特：《法和经济学》，张军译，上海人民出版社 1994 年版，第 540 页。

对另一方的强制或惩罚，这种民事责任是补偿性赔偿责任的重要而有益的补充，而并非一种无奈的例外，也并非与补充责任相斥的非民法责任。惩罚性赔偿通常是由法院代表国家对私人生活的干预，是基于社会公平正义的利益再分配，带有私法公法化的色彩，但绝不会打破双方当事人之间的平等地位。这实质上就是苏永钦教授所讲的“私法自治中的国家强制”问题，“强制规范并不‘管制’人民的私法行为，而毋宁是提供一套自治的游戏规则。”[1] 如果非要说惩罚性赔偿中的惩罚性已经处于民法核心特性的边缘，那它更接近的是行政性的惩罚，而仍远离刑罚中“社会整体的伦理道德”惩罚。

第二节　扩张与限制：刑事范畴的发展

经过工业文明的迅猛发展，后工业时代的社会已经走出刑法责任与民法责任、民法制裁与刑法制裁的“一清二白”发展阶段，不仅有上述的民法中的惩罚性因素的出现，还强调刑事责任的损害赔偿、肯定单位犯罪主体、扩大法人犯罪打击面、弱化因果关系等，使得刑事范畴有意无意地出现扩张。这种趋势也引起了学者的关注，“趋向于公司刑事责任的运动，反映了一种模糊刑事法律责任与民事（私人）法律责任之间界限的趋势。现代的许多社会可能会丧失刑事惩罚作为一种正义命令的感觉。在20世纪结束时的趋势，不是集中在赎回罪过的必要性，而是集中于使用刑事制裁的实用性功效来影响社会行为。由此认为公司并不是真的有罪的观点，将越来越不重要。更令人信服的考虑是运用刑法的工具来规制公司行为的社会功效”。[2] 据此，在践行法人或单位犯罪时，对传统刑法理论中犯罪定

---

[1] 苏永钦：《私法中的国家强制》，中国法制出版社2005年版，第21页。

[2] ［美］弗莱彻：《刑法的基本概念》，王世洲等译，中国政法大学出版社2004年版，第267页。

义、个人责任、罪过原则等的挑战不可避免，但不必以理论的逻辑完美来加以苛责，宜以社会立场功利性地考察和认识。在我国的刑事法律体系中，单位犯罪已经得到确立，但是单位犯罪的主体资格、单位犯罪的刑事责任根据、严格责任与罪过责任的分立与冲突等问题一直是犯罪理论和实践中的重要论题和热点争议问题。笔者在此拟作相关的理论探讨，尤其是在刑民关系视角下认真观察刑法是否存在有违谦抑精神侵占民法领地的问题，展示刑法与民法关系的复杂性与条理性。

一、单位犯罪主体资格的确定

经过刑事法理论与司法实践的长期互动，单位犯罪在我国刑法体系中得以确立，并于1997年《中华人民共和国刑法》中以法律条文加以确立。之后，司法实践在法定的框架内进行适用，并不断从理论中汲取具有指导意义的内容，同时向理论回馈新的视角和观点，从而推动我国单位犯罪理论向纵深发展。

我国《刑法》第30条规定："公司、企业、事业单位、机关、团体实施的危害社会的行为，法律规定为单位犯罪的，应当负刑事责任。"该规定实现了单位犯罪责任追究中的立法化，依照该规定单位犯罪中的"单位"是指公司、企业、事业单位、机关、团体这5种社会组织。单位的类型看起来是明确的，但是至少留下了一个问题，即对"单位"的客观存在形式为标准的列举式的明文规定，并没有揭示单位本身的法律含义或核心要义，就必然导致具体确认中的或然性因素的不可避免。[1] 再加上，实践中单位存在的情况颇为复杂，简单、概括的列举远不能满足实践的需求，而探寻单位犯罪主体的一般条件，从而明确刑法中单位的内涵和外延就更具有现实意义了。

---

[1] 宋茂荣、蒋林：《单位犯罪论》，载丁慕英等主编：《刑法实施中的重点难点问题研究》，法律出版社1998年版，第310页。

关于单位犯罪中“单位”的条件或特征，学者们也形成了不同的观点，大致有以下三种：如王作富教授认为，“单位”必须具备四个特征才能成为犯罪主体：（1）法定性，即严格依照法律规定设立，并取得法律主体资格的社会组织；（2）组织性，即单位应该具有一定的组织机构，并由必要的工作人员组成；（3）有必要的资产和经费，这既是单位独立参加民商事活动的物质基础，也是单位履行法定义务的物质保证；（4）有一定的独立性，即单位既能以自己的名义进行民商事活动，也能独立承担行为引起的法律责任。[1] 又如，学者沙君俊主张，作为犯罪主体的单位除具有以上四个特征以外，还有一个实质条件是不可忽视的，即必须具有承担刑事责任的能力。[2] 还有一种观点，在内容的各要素与上述两种观点是基本相同的，只是认为这种特征的考察应该具有层次性、逻辑性：第一层次是单位的形式特征，即法定性、组织性、独立性和具有一定的经费和财产；第二个层次是单位的实质特征，即单位必须具有刑事责任能力。[3] 笔者认为，这种分层考察的观点是比较合理的。一方面，犯罪主体意义上的“单位”必备的是四个形式特征与刑事责任能力，这五个要素是缺一不可的。非法成立的组织，或者形式上合法，但没有组织的所谓“单位”实施的犯罪行为，实质上就是个人的共同犯罪。没有经费和财产的组织，缺乏基本的行为能力和承担责任的能力，也不是“单位”。如同自然人个人一样，单位的刑事责任能力也是其进行犯罪和承担刑事责任所必需的。另一方面，刑事责任能力与其他形式特征在确定单位主体资格中的作用是不同的，具有刑事责任能力的单位必定符合四个形式特征，具有刑事责任能力但不符合四个形式特征的“单位”犯罪主体是不存在的。也就是说，刑事责任能力与其他四个特征不是并列的，而是形式与实质、第一层次与第二层次的关系。在司法实践中，

---

[1] 王作富：《刑法论衡》，法律出版社2004年版，第75~85页。持类似观点的还有：宋茂荣、蒋林：《单位犯罪论》，载丁慕英等主编：《刑法实施中的重点难点问题研究》，法律出版社1998年版，第310~311页。

[2] 沙君俊：《单位犯罪的定罪与量刑》，人民法院出版社2002年版，第64~67页。

[3] 黄京平、石磊：《单位犯罪主体的特征及存在形式研究》，载赵秉志主编：《刑事法治发展研究报告》（2004年卷），中国人民公安大学出版社2005年版，第258~259页。

可以运用这个层次性的标准解决具体的问题。关于单位犯罪的主体，讨论的热点话题也是争论比较多的论题集中于独资私营公司、分支机构或内设机构的犯罪主体资格的考察方面。

一是，独资、私营公司、企业尤其是不具有法人资格的此类主体是否一律可以具有单位犯罪的资格。

最高人民法院于1999年7月发布《关于审理单位犯罪案件具体应用法律有关问题的解释》（以下简称《解释》）第1条明确规定："《刑法》第30条规定的'公司、企业、事业单位'，既包括国有、集体所有的公司、企业、事业单位，也包括依法设立的合资经营、合作经营企业和具有法人资格的独资、私营等公司、企业、事业单位"。那么，依照法律的明确规定，具有法人资格的独资、私营等公司、企业、事业单位可以成为单位犯罪的主体，则是否意味着，不具有法人资格的独资、私营等公司、企业、事业单位就当然不能被认定为单位呢？对此也存在不同的意见。持否定论的依据主要是认为不具有法人资格的独资、私营企业不具有刑事责任能力，并认为肯定其单位犯罪主体地位对导致打击犯罪不力。详言之，不具有法人资格的独资、私营企业的人格与企业的人格不完全分离，且须对企业债务承担无限责任或无限连带责任。因此，这些企业不具有责任能力，不能独立承担民事责任，更不能承担刑事责任。再加上我国对单位犯罪中的直接责任人员的惩罚要比单纯的自然人犯罪要宽，因此把发生在个人独资企业内的犯罪作为单位犯罪处罚，既可能轻纵犯罪，又可能犯双重处罚的错误。❶ 肯定论者主要是从宪法角度加以论证的，依据我国《宪法》规定，私有企业是我国社会主义市场经济的重要组成部分，其地位是受到宪法承认的，对市场经济内的法律主体加以平等调整是宪法的应有之义。而将非法人的私有企业排除在单位犯罪的主体之外显然与我国《宪法》要求不合。❷

---

❶ 赵秉志：《犯罪总论问题探索》，法律出版社2003年版，第160页。

❷ 游伟：《刑法理论与司法问题的研究》，上海文艺出版社2001年版，第68页。

笔者认为，在市场经济规范发展的阶段，以“是否具有法人资格”作为标准来判断是否单位犯罪的主体符合刑法谦抑的要求，即将单位犯罪的范围限制在明确的范围内。在我国目前的发展阶段，采用第二种观点更符合我国的国情。这并不违背罪刑法定原则，从行为人的预期来说，现行《刑法》中的“单位犯罪”并不局限于“法人犯罪”的范围内，也未限制企业的所有制性质及组织形式，那么将其理解为各种所有制性质的企业，不论是否具有法人资格，只要符合以上四个形式特征和一个实质特征就可以认定为作为犯罪主体的单位。当然，对单位犯罪的判断必须结合《刑法》分则中的明确规定，分则罪名中没有规定可以成立单位犯罪的，单位就不可能成为该罪的主体。总之，单位能否成为犯罪主体，必须结合《刑法》总则对单位的明文规定、分则具体罪名对单位的限制来加以确定。由此来看，在我国《刑法》中可能会存在对非法人团体的刑事责任追究，国外也存在类似的立法例。在英国，虽然普通法上并不认为非法人团体可以成为犯罪主体，但是制定法上却持有不同的立场。《1889 年解释法》一改过去“人”一词仅包括法人团体的立场，转而规定既包括法人团体，也包括非法人团体，并在《1978 年解释法》中继续坚持这一立场。美国现行刑法中也承认非法人团体的犯罪主体地位，其《模范刑法典》第 2. 07 条第 3 款明确规定了非法人团体有罪认定的条件：（a）非法人团体所犯之罪是本法典以外的明确要求该团体承担责任的制定法规定的犯罪，并且行为由该团体的代理人在其职责或者雇佣范围内代表该团体实施。但是，规定该罪的法律对于由该团体负责的代理人行为的范围或者由该团体负责的情形有特别指定时，应当适用该特别规定；或者（b）非法人团体所犯之罪是不履行法律对该团体施加的以积极履行为内容的特殊义务而构成的不作为犯罪。新加坡刑法第 11 条规定“‘人’包括公司、协会、团体，且不论其是否组成法人组织”。

2005 年新《公司法》颁布实施后，大陆地区单位犯罪的主体范围大幅扩张。不仅给予一人公司合法化地位，在第 24 条规定“有限责任公司由 50 个以下股东出资”取消了最低人数限制，而且将成立有限公司的限制降低，第26条规定有限公司最低注册资本为3万元且首期出资20%即可，出资方式也可以多元化，这就降低了设立公司的门槛，注册公司的难度大大降低，甚至普通家庭和公民即可达到条件。这可能会带来更多个人在主观恶意的支配下进行公司注册，如意图钻法律空子、冒险从事经济违法犯罪等。同时，新《公司法》的降低门槛规定，也是将企业纳入规范化运营、实现"法人化"的做法，这就为单位犯罪过渡到法人犯罪奠定民商法方面的条件。而对于以成立公司为幌子进行犯罪活动的情况则可以依据单位犯罪主体资格的司法否定制度进行处理。该制度肇始于公司法人人格的否定，又称"揭开公司面纱"或"刺破公司面纱"，对于成立公司主要为从事犯罪行为，公司成立后主要收入来自犯罪行为的，一般应认定为个人犯罪。之所以存在否定单位犯罪主体资格的制度诱因是"刑法对单位犯罪的处罚和对自然人犯罪处罚的差异性"，[1] 我国《刑法》对单位犯罪中的单位和直接责任人虽然大多采取双罚制，但立法对单位犯罪中直接责任人设定的处罚，与个人犯罪相比一般要轻得多。因此，打着单位名义实为个人犯罪的案件容易逃避严厉的惩罚，必须加以识别，进而适用单位犯罪主体资格的司法否认制度，防止放纵犯罪、损害刑法的正义性。

二是，关于单位的分支机构或内设职能部门是否具有单位犯罪主体资格。

2001年1月最高人民法院发布《全国法院审理金融犯罪案件工作座谈会纪要》就单位的分支机构或者内设机构、部门实施犯罪行为的处理问题提出如下指导性意见："以单位的分支机构或者内设机构、部门实施犯罪，违法所得亦归分支机构、内设机构、部门所有的，应认定为单位犯罪。不能因单位的分支机构或者内设机构、部门没有可供执行的财产，就不认定为单位犯罪，而按个人犯罪处理。"该纪要公布后，引起了学界和司法界的较大关注和争议。2002年7月最高人民法院、最高人民检察院、海关总署发布的《关于办理走私刑事案件适用法律若干问题的意见》中对这一问

---

[1] 庄劲：《刍议刑法上之单位人格否认》，载《山东公安专科学校学报》2003年第6期。

题没再作出统一规定。在争论中，有的观点认为，单位的分支机构或内设职能部门一律不构成单位犯罪，有的观点认为可以或应当作为单位犯罪，还有的则认为应区别对待、具体情况具体分析。对此，确实需要对该复杂问题坚持具体问题具体分析的态度。单位犯罪主体必须符合法定性、组织性、独立性、具有一定的财产，还必须具有刑事责任能力，具备了这些条件的分支机构原则上应具备成立单位犯罪的资格。这是由于无论分支机构还是内设部门，虽然不一定具有独立的法人资格，但是毕竟“和个人共同犯罪有很大差别，把它们作为单位犯罪来处理，更有利于对它们正确地适用刑罚，也符合案件的实际情况”。[1] 因此，在形式上具有单位的特征，具有独立决策权和一定范围的财产处分权，并在实际上具有独立承担刑事责任的能力而进行犯罪的，应以单位犯罪论。也就是说，法人资格的有无与单位犯罪的认定不具有必然关联，这是分析的前提条件，比如，有的分支机构不具备法人资格，但其活动具有很大的独立性，并且以自己的名义进行活动，对外能够独立承担责任，如银行的分支行等，就可以成立单位犯罪。

二、法人犯罪中的替代责任

法人犯罪的域外发展中，在刑事责任的归责原则上很注重刑法的替代责任原理。刑事替代责任在一定程度上讲与现代代理制度有密不可分的关系。现代代理制度主要体现于民事法律关系中，是指一个人对另一个人的侵权行为承担责任。[2] 代理制度的精髓延伸到刑事法领域中就表现为行为人因他人应当承担责任的作为或不作为而被追责。刑事替代责任，又称为刑事代理责任或间接刑事责任，是指行为人在本身没有任何过错的情况下而必须对另一行为主体的犯罪行为承担刑事责任。[3] 就对他人的行为承担责任这个方面就可以看出，刑事替代责任制度与民事代理责任制度存在某种微妙的关系。而

[1] 熊选国：《刑法刑事诉讼法实施中的疑难问题》，中国人民公安大学出版社2005年版，第31页。

[2] 爱德华·柯恩卡：《侵权法》（英文版），法律出版社1999年版，第229页。

[3] 赵秉志：《香港刑法学》，河南人民出版社1997年版，第44页。

且历史的发展也印证了这一点，在原始规范中的确存在有替代责任的内容，而且在后来的发展中在两大法系国家各有不同的历史走向。

现代刑事替代责任在英美法系为刑事代理责任制，在大陆法系国家为转嫁刑罚制。英美法上的刑事代理责任制不是英美法本来就有的，而是在19世纪末期，根据团体责任理论和功利主义的刑罚观念，借鉴民事法律中的“仆人行为主人负责（respondent superior）”逐渐发展而来的。与民法替代责任相比，刑法替代责任产生的时间较晚，并且具有适用上的例外性而不是原则性。民事侵权责任法上的替代责任是18世纪初期就发展起来的。[1] 刑事法律领域肯定替代责任也只是晚近的事情，如发生在1730年著名的霍金斯案（Huggins）案中，就明确否定了刑事替代责任的存在，不知情的主人对仆人的谋杀行为不承担责任，而只有委托人以命令等方式实施犯罪行为的，才因构成共同犯罪而追究委托人的刑事责任。而且，刑事上替代责任适用范围很窄，一般仅适用于处罚为罚金的犯罪，这就比民事领域的范围窄得多，民法则将个人对自己无过错的他人行为承担民事责任视为普遍现象。在英美制定法上的刑事代理责任的规范并不多，法律条款也相当少。以《布莱克斯东刑事制定法》为例，[2]其中关于代理责任的法令和规范大概有：（1）1893年《城市警察法令》第4条规定的娱乐房所占有人对酗酒、非行、赌博等行为的容许；（2）1964年《证照法令》；（3）1968年《盗窃法令》第18条规定的法人责任；（4）1974年《工作场所健康与安全法令》第13条对雇主责任的总则性规定；（5）1984年《音像制品法令》第16条有关法人的责任；（6）1985年《计量法令》第82条规定的法人责任；（7）1987年《消费者保护法令》第40条的总则性规定；（8）1988年《道路交通法令》第177条规定的交通工具公司对其员工的责任；（9）1989年《人体器官移植法令》第4条有关法人的责任；（10）1990年《食品安全法令》第20条雇主对雇员出售不合安全要求的

---

[1] ［英］史密斯、霍根：《英国刑法》，马清升等译，法律出版社2000年版，第195页。

[2] P. R. Glazebrook, Blackstone's Statute on Criminal Law, Blackstone Press Limited, 1991 (2nd).

食品承担的责任。具体来讲，在普通法上，刑事替代责任一般仅仅适用于公共妨害和刑事诽谤，在制定法上，主要适用于以下两种情形：一是雇主对其所雇人员在雇佣范围之内的行为负责。如在1898年Coppen V. Moore一案中，店主Coppen因为他的一个店员出售附带假冒交易证明书的商品而被判有罪，为此，他提出上诉，上诉的理由为，自己事前曾给他所有的商店发出了一条指令，不允许出售附带假冒交易证明书的商品。然而，主持上诉的法官认为："尽管他不是事实的交易者，但也是售卖人。"上诉被驳回。[1] 二是在涉及证照的案件中，被代理人对代理人的犯罪行为和罪过承担责任。如在1929年Allen V. Whitehead案中，一个咖啡店老板（持证人），委托一名经理经营其在港口的店子，他自己则一两周光顾一次。有一次，他接到警察警告不要在咖啡店内让妓女逗留，他将此警告转达给经理，并贴出一张公告禁止妓女在午夜后进入该店。但后来经理遇到一大群妓女，并让她们从晚上8时待到次日凌晨4时，还说了许多脏话。在上诉法院，法院判定被告人（老板）有罪。

在大陆法系国家，也有与英美刑事代理责任相类似的一项制度，就是转嫁刑罚制度。例如，在日本，"在行政的刑罚法规中，有很多关于从业人员在业务上有违法行为时处罚业主的规定"。这些处罚业主的规范中主要有两类立法形式，其中一类就是"对从业人员的违法行为不处罚行为人，仅处罚业主的代罚规定（转嫁罚规定）……"[2] 再如在法国，依据《刑法典》第121-1条，任何人仅对其本人之行为负刑事责任。在之后颁布的《新刑法典》虽未明确规定有关"对他人行为的刑事责任"，但立法上有多项规定明文承认，特定情况下，企业主要负责人对于其职员、雇员或工人实行的犯罪行为应承担刑事责任，司法上也有法院判例依据其他一些或明确或不甚明确的规定，扩大了"对他人行为的刑事责任"的适用范围。[3]

---

[1] J Smith & B Hogan, Criminal Law: cases & materials , Butternorths, 1993 (5nd), P213-4.

[2] ［法］卡斯东·斯特法尼等：《法国刑法总论精义》，罗结珍译，中国政法大学出版社1998年版，第323页。

[3] ［日］福田平、大塬篆仁：《日本刑法总论讲义》，李乔等译，辽宁人民出版社1986年版，第46页。

作为两种并存的责任形态，英美法系的刑事代理责任制和大陆法系的转嫁刑罚制存在诸多相似之处，甚至大陆法系国家的个别学者在研究中也提出“职能转移”的用语可以被“代理”替代使用。具体而言，两者的相通之处有：一是立法目的上，都是为了保护社会福利，而以刑罚手段促使行为人尽到选人和监督上的义务，保障社会实质正义；二是适用范围上，都限定于特定职业身份的人员，并且在处罚上为轻刑，一般只是罚金刑，慎用甚至不用短期自由刑；三是从形式上讲，都是非行为人对他人的行为承担刑事责任。

当然，这两者也存在明显的区别，其中最明显的莫过于刑事代理责任制度和刑罚转嫁责任制度中对罪过的要求。在英美法系国家，刑事代理责任在理论上被称为一种“无罪过责任”，并不意味着行为人本身毫无过错，而是法律中没有要求“罪过”。这一观念自英国1873年Nichols v. Hall案、1884年的Cundy v. Le Cocq案后，才被引入，认为“对于某些犯罪，犯意不是犯罪构成的必要条例”。对于“无罪过责任”的理解也存在争议：按照最权威的法律词典——《布莱克法律辞典》的解释，所谓无罪过责任，就是指因违反维护某种安全的绝对义务而应承担的责任，这种责任并不以伤害的故意或重大过失为条件，通常应用于高度危险作业致人损害或产品责任的案件中；[1]根据《牛津法律指南》，无罪过责任实际上指一种高于通常的合理注意的责任标准，责任产生于应该避免的伤害事件发生之处，不论当事人采取了怎样的注意和谨慎，只要发生损害就承担责任。但它不是由某些制定法设定标准的绝对责任，即使承担严格责任，当事人仍然可以进行某些有限的责任抗辩，不过已经尽到合理注意的不在其列。[2]就此分析后，发现恰如我国学者所言：“目前立法上犯罪心态概念和心理模式是建立在古典心理学和意志自由论的基础上的，认为行为人的心理模式是可以分割开来观察的知和意的组合。其实人的心理活动并不像演电影那样可以

---

[1] Bryan A. Garner. Editor in Chief: Black's Law Dictionary, 7th Edition, West Group 1999: 926.

[2] David M. Walker, The Oxford Companion To Law, Clarendon Press, 1980: 1193.

用一张张胶片把它们分割开来。”[1] 因而，从犯罪发生的原因上讲，责任人在心理上存在一定罪过。这就导致在一定意义上，刑事代理责任演化为一种“绝对责任”。诸多情况下，法庭认为，议会根据对制定法规定的罪名的准确解释，在涉及该罪的犯罪行为要素时，对试图是犯罪意图的要求不予考虑；在具备犯罪客观方面的特定要素时，犯罪意图是被排斥在犯罪构成要素之外的。客观上出现适用范围较大的局面，在实践中有明显表现：自 1903 年到 1993 年以来，在英国适用刑事代理责任的案子中只有四起涉及“明知”。甚至在有些案件中，责任人承担的范围扩展到实行者故意不遵守雇主的命令这一场合。对于这种较广使用的原因，学者们也进行了分析，如王作富教授认为，适用的原因考察需要坚持类型化的分析：对于公共福利方面的犯罪适用刑事代理责任的主要原因在于，证明这类行为的实施主体在主观上存在过错较为困难，如果采用传统的追诉模式，将可能放纵犯罪且花费较多司法资源，因此，从打击犯罪与节省司法成本的角度，有必要适用刑事代理责任。而对于道德方面的犯罪适用刑事代理责任的主要原因则在于，这类行为侵犯的是立法者予以重点保护的法益，且具有较大的事先可责性。更深一层次探讨，英美刑法中刑事代理责任的确立实际上与具体的制度背景息息相关。导致英美刑法中出现较多刑事代理责任的规定，其根本原因在于刑罚的制裁手段由以自由刑为中心转向大规模的适用财产刑，造成犯罪的外延急速膨胀，从而使刑法同其他部门法的界限变得模糊。[2]

近年来，英美国家对刑事代理责任的适用转向限制的态度。英美刑事代理责任主要适用于公共福利方面的犯罪和道德方面的犯罪，[3] 并且在解释适用中法院已不太愿意把某一种犯罪解释为适用严格责任的犯罪。在斯威特诉帕斯利一案中，英国上议院所作的判决表明，对严格责任的任何引

---

[1] 李文燕、邓子滨：《论我国刑法中的严格责任》，载《中国法学》1999 年第 5 期。

[2] 王作富：《奸淫幼女罪的认定与主客观相统一原则》，载《刑法论衡》，法律出版社 2004 年版，第 310 页。

[3] 刘仁文：《严格责任论》，中国政法大学出版社 2000 年版，第 26 页。

申都会受到严格的审查并将被限定在很窄的范围内。法庭严格考察以下方面：一、犯罪意图是必要条件的推断；二、从法律所使用的词句来看犯罪意图是不是必要条件；三、从一些外在的因素来看犯罪意图是不是必要条件，如“立法的主题”、“罪行的社会危害性程度”、“刑罚的严厉性”、“法律实施的程度”等。[1] 类似的，在大陆法系国家，可以转嫁的责任心理也越来越受到限制。在日本，过去的通论和判例从行政取缔的目的角度主张，把从业人员的责任作无过失的转嫁，使业主承担转嫁责任。但最近却倾向于推崇过失责任理论。过失推定的观点亦为最高裁判所的判例所采纳。意大利设立了不少可以免除被代理人的刑事责任的情形，比如，如果犯罪只能由故意构成，被代理人事先对犯罪并不知悉；或者如果犯罪可由过失构成，被代理人已在自己职能范围内尽了监督的责任，那么就可以免除被代理人的刑事责任。

有的学者认为，刑事代理责任制度或转嫁刑罚制度符合时代潮流，在诉讼中具有积极的作用，并且认为我国应加以引进。不可否认，这两种制度植根于特定的社会环境中，体现了诉讼经济原则。20 世纪后期，资本主义世界发生的产业革命推动各国所创造的物质财富进入一个新的阶段，并带来了社会分工的日趋细密。产业种类繁多、星罗棋布，相同或类似产业中的规模大小亦有区别，分为若干等级。这种环境中滋生的还有大大小小的各种社会问题，亟待规范化处理。但在传统刑法理论严格的罪过理论和主客观相一致原则中，国家难以对制造事故企业的管理人追究责任，一则这些人往往事务缠身，对某些生产环节中的事并无所闻，又则即使知道也往往借口不知。面对这种责任追究的困境，刑事代理责任理论和刑罚转嫁理论应运而生。二者出现以后，就在追究责任上表现出了一定的灵活性。要求一个人对另一个人的行为负责，但不再要求形式上的主客观相一致，无须强求责任承担者的主观意图明确，这就避免了为达到主观认定而投入大量人力、物力、财力等进行调查，实现了刑罚成本的降低，也有利于实

[1] 赵秉志：《英美刑法学》，中国人民大学出版社 2004 年版，第 53 ~56 页。

现立法的初衷。[1] 移植论者还认为，我国刑法中已经存在与之精神相通的严格责任，如《刑法》第129条丢失枪支不报罪，第133条交通肇事后逃逸致人死亡的行为，第139条消防责任事故罪……第338条重大环境污染事故罪，第339条第2款擅自进口固体废物罪，第416条第1款不解救被拐卖、绑架妇女、儿童罪，等等。[2]

笔者认为，以上观点有所不妥。将严格责任排除刑法体系之外，不仅仅是为维护我国刑法罪过原则的纯洁性，更重要的原因在于我国刑法内容的独特性，存在诸多与西方国家不一致的地方，如：其一，犯罪圈的不同使得替代责任的"轻罪"对象在我国并不能对应，我国刑法中的犯罪必须符合"罪量"标准，如犯罪数额较大、情节严重等，西方国家中替代责任适用的许多行政犯、违警罪、轻微罪在我国不是犯罪；其二，刑事责任承担方式上的差异，我国传统刑法理论以及现行《刑法》均以自由刑为中心，而不是以罚金为中心，即使是判处罚金的，实践中财产刑的执行之难在我国也是有目共睹的，所以"严格责任"在我国的责任承担方式方面的条件也不太具备；其三，从司法操作层面来看，在我国公检法机关的办案过程中，真正依法行使职权、严格依照诉讼法程序的意识还未真正地毫无例外地加以贯彻，冒昧取消或降低对罪过方面的要求，或降低证明标准，则可能在短期内产生司法效率提高的有利形势，甚至有利于减少刑讯逼供，但从长远来看，却很可能将更多的嫌疑人在证据不足、确属冤枉的情况下就草草定罪处罚。这对于司法公正来说是致命的伤害，而刑法至关公民个人的自由、甚至生命的领域，公正应当是首位的，所以，从我国的司法实际情况来看，也不宜引进"严格责任"或替代责任。

---

[1] 童德华：《刑事替代责任制度研究》，载《中国刑事法杂志》2002年第1期。

[2] 李文燕、邓子滨：《论我国刑法中的严格责任》，载《中国法学》1999年第5期。

参考文献

一、中文著作

[1]《马克思恩格斯全集》第 1 卷。

[2]《马克思恩格斯全集》第 3 卷。

[3]《马克思恩格斯全集》第 8 卷。

[4]《马克思恩格斯选集》第 4 卷。

[5]《世界著名法典汉泽丛书》编委会：《十二铜表法》，法律出版社 2000 年版。

[6] 蔡墩铭：《刑法精义》，翰茂图书出版有限公司 2005 年版。

[7] 陈聪富：《授权归贵原则与损害赔偿》，北京大学出版社 2005 年版。

[8] 陈世和：《法律的尴尬——刑事法理论与实践的冲突》，法律出版社 2011 年版。

[9] 陈兴良：《口授刑法学》，中国人民大学出版社 2010 年版。

[10] 陈正云：《刑法的精神》，中国方正出版社 1999 年版。

[11] 储槐植：《美国刑法》，北京大学出版社 2006 年版。

[12] 方流芳：《翻译和外来法律术语》，载：《法学翻译与中国法的现代化："美国法律文库暨法学翻译与法律变迁"研讨会纪实》，中国政法大学出版社 2005 年版。

[13] 韩中谟：《刑法原理》，中国政法大学出版社 2002 年版。

[14] 何帆：《刑民交叉案件审理的基本思路》，中国法制出版社 2007 年版。
[15] 黄京平、石磊：《单位犯罪主体的特征及存在形式研究》，载赵秉志主编：《刑事法治发展研究报告》（2004 年卷），中国人民公安大学出版社 2005 年版。
[16] 黎宏：《不作为犯研究》，武汉大学出版社 1997 年版。
[17] 李楯：《个体权利与整体利益关系——婚内强奸在中国的法律社会学分析》，载陈兴良主编：《刑事法判解》（第 1 卷），法律出版社 1999 年版。
[18] 李海东：《刑法原理入门（犯罪论基础）》，法律出版社 1998 年版。
[19] 梁慧星：《民法总论》，法律出版社 1996 年版。
[20] 林山田：《刑法各罪论》，高雄复文图书出版社 2005 年版。
[21] 刘凤科：《刑法在现代法律体系中的地位与特征》，人民法院出版社 2007 年版。
[22] 刘明祥：《财产罪比较研究》，中国政法大学 2001 年版。
[23] 刘仁文：《严格责任论》，中国政法大学出版社 2000 年版。
[24] 刘仁文等译：《模范刑法典及其评注》，法律出版社 2005 年版。
[25] 刘宪权：《中国刑法理论前沿问题研究》，人民出版社 2005 年版。
[26] 柳经纬主编：《民法总论》（第 2 版），厦门大学出版社 2005 年版。
[27] 罗结珍译：《法国刑法典》，中国人民公安大学出版社 1991 版。
[28] 漆多俊：《经济法基础理论》，武汉大学出版社 2004 年版。
[29] 沙君俊：《单位犯罪的定罪与量刑》，人民法院出版社 2002 年版。
[30] 沈宗灵：《现代西方法理学》，北京大学出版社 1992 年版。
[31] 史尚宽：《债法总论》，中国政法大学出版社 2000 年版。
[32] 宋茂荣、蒋林：《单位犯罪论》，载丁慕英等主编：《刑法实施中的重点难点问题研究》，法律出版社 1998 年版。
[33] 苏慧渔：《量刑方法研究专论》，复旦大学出版社 1991 年版。
[34] 苏力：《法律与文学》，三联书店 2006 年版。

［35］苏力：《送法下乡》，中国政法大学出版社 2000 年版。
［36］苏永钦：《私法中的国家强制》，中国法制出版社 2005 年版。
［37］覃有土、樊启荣：《私法社会化思潮的源流》，载吴汉东：《私法研究》（第 1 卷），中国政法大学出版社 2002 年版。
［38］王伯琦：《民法总则》，正中书局 1970 年版。
［39］王钧：《刑罪关系导论》，南京大学出版社 2001 年版。
［40］王立峰：《论惩罚性损害赔偿》，载梁慧星主编：《民商法论丛》（第 5 卷），法律出版社 1996 年版。
［41］王利明、杨立新等著：《民法学》，法律出版社 2005 年版。
［42］王利明：《侵权行为法规则原则》，中国政法大学出版社 1992 年版。
［43］王明星：《刑法谦抑精神研究》，中国人民公安大学出版社 2005 年版。
［44］王泽鉴：《民法学说与判例研究》（第 2 册），中国政法大学出版社 2005 年版。
［45］王作富：《奸淫幼女罪的认定与主客观相统一原则》，载《刑法论衡》，法律出版社 2004 年版。
［46］希尔斯：《市民社会的美德》，李强译，载邓正来、［英］亚历山大编：《国家与市民社会》，中央编译出版社 1999 年版。
［47］谢瑞智：《刑法总论》，文笙书局 2002 年版。
［48］熊选国：《刑法刑事诉讼法实施中的疑难问题》，中国人民公安大学出版社 2005 年版。
［49］徐国栋：《民法基本原则解释》，中国政法大学出版社 1997 年版。
［50］徐久生、庄敬华译：《德国刑法典》，中国方正出版社 2004 年版。
［51］杨立新：《民法》，中国人民大学出版社 2010 年版。
［52］游伟：《刑法理论与司法问题的研究》，上海文艺出版社 2001 年版。
［53］游伟：《刑民关系与我国的刑事法实践》，载《华东刑事司法评论》（第 8 卷）。
［54］余英时：《中国史学的现阶段：反省与展望》，载《余英时学术思想

文集》，何俊编，上海世纪出版股份有限公司、上海古籍出版社 2010 年版。
[55] 张光宇：《边缘刑法学》，中国人民公安大学出版社 2008 年版。
[56] 张明楷：《外国刑法纲要》，清华大学出版社 2008 年版。
[57] 张明楷：《刑法学》，法律出版社 2010 年版。
[58] 张明楷译：《日本刑法典》，法律出版社 1998 年版。
[59] 张维迎：《信息、信任与法律》，生活·读书·新知三联书店 2006 年版。
[60] 张文显：《二十世纪西方法哲学思潮研究》，法律出版社 1996 年版。
[61] 张小虎：《刑法的基本概念》，北京大学出版社 2004 年版。
[62] 赵秉志：《犯罪总论问题探索》，法律出版社 2003 年版。
[63] 赵秉志：《香港刑法学》，河南人民出版社 1997 年版。
[64] 赵秉志：《刑法新教程》，中国人民大学出版社 2001 年版。
[65] 赵秉志：《英美刑法学》，中国人民大学出版社 2004 年版。
[66] 朱铁军：《刑民实体关系论》，上海人民出版社 2012 年版。
[67]《列宁文集》第 4 卷，人民出版社。
[68] 张乃根：《西方法哲学史纲》，中国政法大学出版社 2002 年版。
[69] 陈兴良：《从政治刑法到市民刑法》，载《刑事法评论》第 1 卷，中国政法大学出版社 1997 年版。
[70] 冀祥德：《婚内强奸问题研究》，人民法院出版社 2005 年版。
[71] 宋茂荣、蒋林：《单位犯罪论》，载丁慕英等主编：《刑法实施中的重点难点问题研究》，法律出版社 1998 年版。
[72] 周永坤：《法理学——全球视野》，法律出版社 2000 年版。
[73] 梁慧星：《民法总论》，法律出版社 1996 年版。
[74] 王泽鉴：《民法概要》，中国政法大学出版社 2003 年版。
[75] 黄茂荣：《法学方法与现代民法》，中国政法大学出版社 2007 年版。
[76] 龙卫球：《民法总论》，中国法制出版社 2002 年版。
[77] 王泽鉴：《民法总论》，中国政法大学出版社 2001 年版。

［78］王泽鉴：《侵权行为法》，中国政法大学出版社 2001 年版。
［79］董安生：《民事法律行为》，中国人民大学出版社 2002 年版。
［80］宋晓明主编：《最高人民法院民商事审判要案精析》，人民法院出版社 2006 年版。
［81］杨立新：《侵权法论》，人民法院出版社 2004 年版。
［82］史尚宽：《债法总论》，中国政法大学出版社 2000 年版。
［83］史尚宽：《民刑法论丛》，荣泰书馆 1973 年版。
［84］李响编著：《美国侵权法原理及案例研究》，中国政法大学出版社 2004 年版。
［85］郑玉波：《民法债编总论》，中国政法大学出版社 2004 年版。
［86］曾隆兴：《详解损害赔偿法》，中国政法大学出版社 2004 年版。
［87］张新宝：《侵权责任法原理》，中国人民大学出版社 2005 年版。
［88］王泽鉴：《民法物权·用益物权·占有》，中国政法大学出版社 2001 年版。
［89］马骏驹、余延满：《民法原论》，法律出版社 1998 年版。
［90］王利明：《物权法论》，中国政法大学出版社 1998 年版。
［91］史尚宽：《民法总论》，中国政法大学出版社 2003 年版。
［92］于敏：《日本侵权行为法》，法律出版社 1998 年版。
［93］郭明瑞主编：《民法学》，高等教育出版社 2005 年版。
［94］刘得宽：《民法诸理论与新展望》，中国政法大学出版社 2002 年版。
［95］王利明：《民法·侵权行为法》，中国人民大学出版社 1993 年版。
［96］曾世雄：《损害赔偿原理》，中国政法大学出版社 2001 年版。

二、外文译著

［1］［日］福田平、大塚仁：《日本刑法总论讲义》，李乔等译，辽宁人民出版社 1986 年版。
［2］［意］桑德罗·斯奇巴尼：《民法大全选译：正义和法》，黄风译，中

国政法大学出版社 1992 年版。
[3] [罗马] 查士丁尼:《法学总论——法学阶梯》,商务印书馆 1989 年版。
[4] [奥] 凯文僧:《法与国家的一般理论》,沈宗灵译,中国大百科全书出版社 1996 年版。
[5] [德] 卡尔·拉伦茨:《法学方法论》,陈爱娥译,商务印书馆 2004 年版。
[6] [德] 科殷:《法哲学》,林远荣译,华夏出版社,2002 年版。
[7] [德] 施瓦布:《民法导论》,郑冲译,法律出版社 2006 年版。
[8] [德] 尤根·哈贝马斯:《法治与民主的内在联系》,景跃进译,《中国社会科学辑刊》(香港)1994 年总第 9 期。
[9] [俄] 拉扎列夫:《法与国家的一般理论》,王哲等译,法律出版社 1999 年版。
[10] [法] 卡斯东·斯特法尼:《法国刑法总论精义》,罗结珍译,中国政法大学出版社 1998 年版。
[11] [法] 卢梭:《社会契约论(第 2 卷)》,商务印书馆,1980 年版。
[12] [法] 卢梭:《社会契约论》,何兆武译,商务印书馆 2003 年版。
[13] [法] 马尔罗:《沉默的声音》,[法] 勒内·罗迪著《比较法导论》,上海翻译文化出版社,1998 年。
[14] [韩] 李在祥:《韩国刑法总论》,韩相敦译,中国人民大学出版社 2005 年版。
[15] [美] 昂格尔:《现代社会中的法律》,吴玉章等译,中国政法大学出版社 1994 年版。
[16] [美] 波斯纳:《法理学问题》,中国政法大学出版社 1994 年版。
[17] [美] 博登海默:《法理学——法哲学及其方法》,中国政法大学出版社 1999 年版。
[18] [美] 弗莱彻:《刑法的基本概念》,王世洲等译,中国政法大学出版社 2004 年版。
[19] [美] 汉娜·阿伦特:《人的条件》,竺乾威等译,上海人民出版社 1999 年版。

[20] [美] 卡斯东·斯特法尼等：《法国刑法总论精义》，罗结珍译，中国政法大学出版社版社 1998 年版。
[21] [美] 肯尼斯·S. 亚伯拉罕、阿尔伯特·C·泰特选编：《侵权法重述——纲要》，许传玺，石宏等译，法律出版社 2006 年版。
[22] [美] 罗伯特·考特：《法和经济学》，张军译，上海人民出版社 1994 年版。
[23] [美] 迈克尔·D. 贝勒斯：《法律的原则——一个规范的分析》，张文显等译，中国大百科全书出版社 1996 年版。
[24] [美] 孟罗·斯密：《欧陆法律发达史》，姚梅镇译，中国政法大学出版社 2000 年版。
[25] [美] 斯塔夫里阿诺斯：《全球通史——1500 年以前的世界》，吴家婴等译，上海社会科学院出版社 1988 年版。
[26] [美] 约翰·亨利·梅利曼：《大陆法系》，顾培东、禄正平译，法律出版社 2004 年版。
[27] [葡] 叶士朋：《欧洲法学史导论》，吕平义、苏健译，中国政法大学出版社 1998 年版。
[28] [日] 美浓部达吉：《公法与私法》，黄冯明译，中国政法大学出版社 2003 年版。
[29] [日] 曾根威彦：《刑法学基础》，黎宏译，法律出版社 2005 年版。
[30] [日] 大谷实：《刑法各论》，黎宏译，法律出版社 2003 年版。
[31] [日] 宫本英修：《刑法大纲》，日本成文堂 1984 年发行
[32] [日] 牧野英一：《法律上之进化与进步》，朱广文译，中国政法大学出版社 2003 年版。
[33] [日] 田中英夫、竹内昭夫：《私人在法实现中的作用》，李薇译，法律出版社 2006 年版。
[34] [日] 西原春夫：《民事责任和刑事责任》，转引自 [日] 曾根威彦：《刑法学基础》，黎宏译，法律出版社 2005 年版。
[35] [日] 佐伯仁志、道垣内弘人：《刑法与民法的对话》，有斐阁 2001

年版。
[36]［意］彼德罗·彭梵得：《罗马法教科书》，黄风译，中国政法大学出版社 1992 年版。
[37]［意］杜里奥·帕多瓦尼：《意大利刑法学原理》，陈忠林译，中国人民大学出版社 2004 年版。
[38]［英］巴里·尼古拉斯：《罗马法概论》，黄风译，法律出版社 2000 年版。
[39]［英］布莱恩·巴里：《正义诸理论》，孙晓春、曹海军译者，吉林人民出版社 2004 年版。
[40]［英］哈特：《法律的概念》，李冠宜等译，法律出版社 2006 年版。
[41]［英］吉米·边沁：《道德与立法原理导论》，时殷弘译，商务印书馆 2000 年版。
[42]［英］吉米·边沁：《论一般法律》，毛国权译，上海三联书店 2008 年版。
[43]［英］鲁珀特·克罗斯、菲利普·A·琼斯：《英国刑法导论》，赵秉志等译，中国人民大学出版社 1991 版。
[44]［英］梅因：《古代法》，沈景一译，商务印书馆 1996 年版。
[45]［英］史密斯、霍根：《英国刑法》，马清升等译，法律出版社 2000 年版。
[46]［英］威廉·葛德文著：《政治正义论》（全两册），何慕李译，商务印书馆 1980 年版。
[47]［英］约翰·哈德森：《英国普通法的形成——从诺曼征服到大宪章时期英格兰的法律与社会》，刘四新译，商务印书馆 2006 年版。
[48] 爱德华·柯恩卡：《侵权法》（英文版），法律出版社 1999 年版。
[49]［美］马丁·夏皮罗：《法院——比较法上和政治学上的分析》，张生、李彤译，中国政法大学出版社 2006 年版。
[50] 杜里奥·帕多瓦尼：《意大利刑法学原理》，中国人民大学出版社 2001 年版。

三、中文杂志

[1] 陈趁：《“构成犯罪的，依法追究刑事责任”》，载《人民法院报》2005年8月10日。
[2] 陈兴良：《违法性理论：一个反思性检讨》，载《中国法学》2007年第3期。
[3] 陈兴良：《刑法谦抑的价值蕴含》，载《现代法学》1996年第3期。
[4] 储槐植：《刑法存在关系中——关系刑法论纲》，载《法制与社会发展》1996年第2期。
[5] 杜文忠：《审判与早期法的历史演进》，载《民族研究》2004年第3期。
[6] 甘阳、刘小枫：《重新阅读西方》，载《南方周末》2006年1月12日。
[7] 李可：《从哲学到法学的中间距离：对法学方法论原则的思考》，载《研究生法学》2002年第2期。
[8] 李文燕、邓子滨：《论我国刑法中的严格责任》，载《中国法学》1999年第5期。
[9] 李学同：《论不作为犯罪的特定义务》，载《法学评论》1991年第4期。
[10] 李振华：《我国经济法规中的刑事责任条款浅探》，载《法学评论》1992年第3期。
[11] 梁根林：《罪刑法定视域中的刑法适用解释》，载《中国法学》2004年第3期。
[12] 刘宪权：《婚内定“强奸”不妥》，载《法学》2000年第3期。
[13] 马长山：《公民文化：精神文明建设的重要内容》，《社会科学》1993年第8期。
[14] 马长山：《市民社会与政治国家：法治的基础和界限》，载《法学研究》2001年第3期。

[15] 彭泽君:《日本刑法中的可罚的违法性理论及其对我国的借鉴》,载《法学评论》2005 年第 6 期。
[16] 申卫星:《中国民法典的品性》,载《法学研究》2006 年第 3 期。
[17] 童德华:《刑事替代责任制度研究》,载《中国刑事法杂志》2002 年第 1 期。
[18] 王立民:《也论中华法系》,载《华东政法学院学报》2001 年第 5 期。
[19] 王利明:《惩罚性赔偿研究》,载《中国社会科学》2000 年第 4 期。
[20] 王瑞君:《论刑法的私法化倾向》,载《山东警察学院学报》2006 年第 3 期。
[21] 文海林:《以目的刑为主的综合刑法》,载《法学研究》2004 年第 1 期。
[22] 沃勒斯坦:《进退两难的社会科学》,转引自《读书》1998 年第 2、3 期。
[23] 夏正林整理:《"民法学与宪法学学术对话"纪要》,载《法学》2006 年第 6 期。
[24] 徐昕:《通过私力救济实现正义》,载《法学评论》2003 年第 5 期。
[25] 薛军:《"民法 - 宪法"关系的演变与民法的转型——以欧洲近现代民法的发展轨迹为中心》,载《中国法学》2010 年第 1 期。
[26] 杨兴培:《一起夫妻争吵引起自杀案的刑法思考和伦理思考》,载《华东政法学院学报》2004 年第 6 期。
[27] 杨一凡:《中华法系研究中的一个重大误区》,载《中国社会科学》2002 年第 6 期。
[28] 姚建龙:《论刑法的民法化》,载《华东政法学院学报》2001 年第 4 期。
[29] 余艺:《惩罚性赔偿研究》,西南政法大学 2008 年博士学位论文,第 7 页。
[30] 张明楷:《论刑法在法律体系中的地位》,载《法学研究》1994 年第 2 期。

[31] 张明楷：《刑法在法律关系中的地位》，载《法学研究》1994 年第 6 期。
[32] 左卫民：《迈向实践：反思当代中国刑事诉讼知识体系》，载《中外法学》2011 年第 1 期。
[33] E·A·霍贝尔：《初民的法律》，转引自蔡道通《刑法谦抑论》，载陈兴良主编：《刑事法评论》第 3 卷。
[34] 邓正来：《国家与市民社会——一种社会理论的研究路径》，载邓正来、[英] 亚历山大编：《国家与市民社会》，中央编译出版社 1999 年版。
[35] 梁根林：《刑事政策视野中的婚内强奸犯罪化》，载《法制与社会发展》2003 年第 4 期。
[36] 廖卫华等：《国家利益不能无限制使用》，载《新京报》2005 年 7 月 3 日。
[37] 王泽鉴：《损害赔偿法之目的：损害填补、损害预防、惩罚制裁》，载《月旦法学杂志》第 122 期，2005 年 7 月号。
[38] 徐国栋：《市民社会与市民法——民法的调整对象研究》，载《厦门大学法律评论》1994 年第 4 期。
[39] 庄劲：《刍议刑法上之单位人格否认》，载《山东公安专科学校学报》2003 年第 6 期。
[40] [日] 林干人：《不法原因给付与侵占罪、诈骗罪》，载《刑法的基本判例》有斐阁 1988 年。
[41] 江伟、范跃如：《刑民交叉案件处理机制研究》，载《法商研究》2005 年第 4 期。
[42] 叶希善：《侵占遗忘物与盗窃遗忘物的区别新议》，载《法学》2005 年第 8 期。
[43] 胡立新：《刑事责任与民事责任之间的吸收》，载《法学》1994 年第 6 期。
[44] 王俊波陈可：《刑事责任与侵权责任竞合浅析》，载《天中学刊》2002

年第 1 期。
[45] 张小宁：《论修复责任——刑事责任与民事责任的接合》，载《甘肃政法成人教育学院学报》2005 年第 2 期。
[46] 董玉庭：《不当得利与财产犯罪界限研究》，载《克山师专学报》1999 年第 2 期。
[47] 徐武生王新华：《论合同刑事诈骗与民事欺诈》，载《公安大学学报》1996 年第 2 期。
[48] 陈以奎：《浅析民事侵权行为与正当防卫的界限》，载《政治与法律》1994 年第 4 期。
[49] 刘东根：《论刑事责任与民事责任的转换》，载《中国刑事法杂志》2004 年第 6 期。
[50] 姚建龙：《论刑法的民法化》，载《华东政法学院学报》2001 年第 4 期。
[51] 杨忠民：《刑事责任与民事责任不可转换》，载《法学研究》2002 年第 4 期。
[52] 童可兴：《刑民交错案件的司法界定》，载《人民检察》2004 年第 6 期。
[53] 于晓青：《论刑事被害人之精神损害赔偿》，载《政治与法律》2004 年第 5 期。
[54] 赖早兴：《刑法中的“赔偿（经济）损失”》，载《求索》2005 年第 5 期。
[55] 齐文远：《亲告罪的立法价值初探》，载《法学研究》1997 年第 1 期。
[56] 王利明：《惩罚性赔偿研究》，载《中国社会科学》2000 年第 4 期。
[57] 谢晖：《私法基础与公法优位》，载《法学》1995 年第 8 期。
[58] 汪习根：《公法法治论》，载《中国法学》2002 年第 5 期。
[59] 孙国华、杨思斌：《公私法的划分与法的内在结构》，载《法制与社会发展》2004 年第 4 期。
[60] 金福海：《惩罚性赔偿不宜纳入我国民法典》，载《烟台大学学报》

2003 年第 2 期。

三、外文论著

[1] 95 Eng. Rep. 768 (C. P. 1763).

[2] 97 Eng. Rep. 1075 (K. B. 1763).

[3] 98 Eng. Rep. 489 (K. B. 1763).

[4] 98 Eng. Rep. 489, 498_ 499 (K. B. 1763).

[5] Bryan A. Garner. Editor in Chief: Black's Law Dictionary, 7th Edition, West Group 1999, p. 926.

[6] David F. Partlett, " Punitive Damages: Legal Hot Zones", 56 La L. Rev. 781. 787 (1996).

[7] David G. Owen, "A Punitive Damages Overview: Function , Problem and Reform", 39 Vill L. Rev. 363, 368 (1994).

[8] David G. Owen, " A Punitive Damages Overview: Function, Problem and Reform", 39 Vill L. Rev. 363, 365 (1994).

[9] David M. Walker, The Oxford Companion To Law, Clarendon Press, 1980: 1193.

[10] DIG 47. 8. 1 (Paul, ad Edict Book12)

[11] Dorsey D. Ellis, " Fairness and Efficiency in the Law of Punitive Damages", 56 S. Cal. L. Rev. 1, 2 (1982)

[12] Gary S. Franklin, " Case Comment: Punitive Damages Insurance: Why Some Court Take the Smart out of Smart Money ", 40 U. Miami L. Rev. 979 (1986).

[13] J Smith & B Hogan, Criminal Law: cases & materials , Butternorths, 1993 (5nd), P213 -4.

[14] J. Austin, Lectures on jurisprudence , p. 417.

[15] Kimberly A. Pace, " Recalibrating the Scales of Justice through National

Punitive Damages Reform", 46 U. L. Rev. 1573, 1580 (1997).

[16] Linda L. schlucter & Kenneth R. Redden, punitive damages (2d. 1995), at 22.

[17] P. R. Glazebrook, Blackstone's Statute on Criminal Law, Blackstone Press Limited, 1991 (2nd).

[18] Pollock & Maitland, The History of the common Laws 522 (1968). See Norman T. "The Recognition and Enforcement of Common Law Punitive Damages in a Civil Law System: Some Reflections on the Japanese Experience", 16 Ariz. J. Int &Comp. Law 285, 343 (1999).

[19] Ugo Mattei, Three Patterns of Law: Taxonomy and Change in the World's Legal Systems, 45 Am. J. Comp. L. 5, Winter, 1997.

[20] Vgl. Bruns, Die Befreung des Strafrechts von Zivilistisehen Denken, 1938, s. 45f.

[21] Vgl. Hippel, Die Untreue im Zusammenhang der Vermogensverbrechen, 1926, S. 116f.

[22] Vgl. Hirschberg, Der Vermogensbegriff Stefrecht. , 1934, s. 326f.

[23] Volk Behr, "Punitive Damages in American and German Law – Tendencies towards Approximation of Apparently Irreconcilable Concepts", 78 Chi – Kent L. Rev. 105, 111 (2003).